● "中央高校基本科研业务费专项资金"资助
（supported by the Fundamental Research Funds for the Central Universities）

L'Application de l'analogie dans l'enseignement du français en Chine

类比在中国法语教学中的应用

张 芳◎著

ZHEJIANG UNIVERSITY PRESS
浙江大学出版社

Remerciements

Je tiens d'abord à remercier mon directeur de thèse Professeur Philippe Monneret pour le soutien qu'il m'a apporté dans nos échanges, et pour sa disponibilité durant ces trois années de travail. Merci pour la confiance que vous m'avez accordée, pour votre patience, pour tous vos conseils et vos critiques constructives !

Je tiens à remercier Christine Lamarre de l'Institut National des Langues et Civilisations Orientales et Christiane Marque-Pucheu de l'Université Paris-Sorbonne qui me font l'honneur de participer à mon jury de soutenance de thèse en tant que rapporteurs. Je tiens à remercier Samir Bajric de l'Université de Bourgogne qui m'a beaucoup aidé dans mes études de master et de doctorat et a accepté de participer à mon jury de soutenance. Je vous remercie d'avoir accepté d'évaluer mon travail !

J'exprime ma gratitude à tous les personnels formidable de l'école doctorale de LISIT, merci pour votre travail et vos encouragements.

Je tiens à remercier tous les professeurs de la Faculté des Lettres, merci pour votre aide durant mes études en master comme en doctorat.

La réalisation de cette thèse n'aurait pas été possible sans le soutien inconditionnel de mes parents. Merci pour vos encouragements durant mes nombreux moments de doute, merci d'y avoir cru quand je n'y croyais plus, merci de m'avoir donné la force de continuer jusqu'au bout ! Merci pour tout ce que vous m'avez appris, les valeurs que vous m'avez inculquées pendant mon enfance ! Sachez que vos efforts et vos sacrifices n'ont pas été vains !

J'exprime ma gratitude à tous mes collègues de l'Université du Zhejiang, merci pour tout ce que vous avez fait pour m'aider dans le travail et la vie. Je vous remercie de m'avoir offert une occasion de travailler avec un groupe aussi excellent.

Merci à tous mes amis qui étaient toujours présents quand j'en avais besoin. Merci de votre patience et de votre soutien !

Je tiens à remercier tous mes collègues doctorants. Merci pour tous les moments partagés, nos sorties, nos conversations. Merci pour votre amitié !

Enfin, je tiens à remercier du fond du cœur tous mes élèves de l'Université du Zhejiang qui ont suivi mes cours, qui ont rempli sérieusement mes questionnaires ! Sans vous, ce travail n'aurait pas été possible !

Résumé

L'analogie désigne une similitude non fortuite entre deux choses ou deux idées de nature différente. Elle est un processus cognitif par lequel l'information attachée à un élément spécifique est transférée à un autre élément spécifique, et joue un rôle important dans le processus de la mémorisation, de la communication et de la résolution de problèmes. La méthode analoigique est utilisée dans plusieurs disciplines, et possède ses applications propres dans divers domaines. Dans la recherche en linguistique, l'analogie est aussi un sujet très intéressant. Au fil de nos recherches, nous constatons que l'analogie a une influence importante sur la création et l'évolution d'une langue, et, lorsqu'elle est correcte, joue aussi un rôle positif dans l'apprentissage : il devient alors possible de relier deux ou plusieurs langues par l'analogie. Par conséquent, notre travail consiste à mettre en relation de la langue française, de la langue anglaise et de la langue chinoise dans l'apprentissage du français, qui est la langue cible, l'anglais et le mandarin chinois étant déjà acquis par la plupart des apprenants chinois et constituant donc les langues de référence. À travers l'analogie, on pourra trouver les similarités entre les langues concernées qui ont une influence positive sur l'apprentissage, ainsi que les différences entre les langues que l'on peut utiliser pour former la compétence interculturelle des apprenants.

Mots-clés : analogie, enseignement du français, similarités, différences

III

Abstract

Analogy refers to a non-coincidental similarity between two things or two ideas of different nature. It is a cognitive process whereby information attached to a specific element is transferred to another specific element, and plays an important role in the process of memorization, communication and problem solving. It is used as a method in many disciplines, it also has its own definition in different areas. In linguistic research, analogy is also a very interesting topic. According to our research, we find that analogy has an important influence on the creation and the evolution of a language, when we learn a language, the correct analogy also plays a positive role, it is possible to connect two or more languages by analogy. Therefore, our work is to link French, English and Chinese because French is the language we want to learn, English and Chinese are the languages of reference as these two languages are already spoken by most Chinese students. Through analogy, we can find similarities between the three languages and these similarities have a positive influence for the study, and also the differences between languages that can be used to train the intercultural competence of learners.

Key words: analogy, French teaching, similarities, differences

Table des matières

Introduction ·· 1

PREMIÈRE PARTIE   L'ANALOGIE ET L'ENSEIGNEMENT DES LANGUES ······ 5

Chapitre 1   Le raisonnement par analogie ······································· 7

  1   Les théories principales ·· 8

    1.1   La théorie de la mise en correspondance entre structures (*structure mapping*) ·· 8

    1.2   La théorie multi contrainte ··· 9

    1.3   La théorie de perception de haut niveau ··························· 10

  2   La recherche sur le développement du raisonnement par analogie ········· 11

    2.1   L'opinion du développement de structure ··························· 12

    2.2   L'opinion du développement de connaissance ····················· 19

  3   Les recherches appliquées du raisonnement par analogie ············· 20

    3.1   Recherches à propos de l'influence sur des activités d'apprentissage des enfants ·· 21

    3.2   Recherches à propos de l'influence sur l'opération du raisonnement par analogie ·· 22

    3.3   Recherches à propos de l'influence sur le processus de développement ·· 23

4 Conclusion ·· 24

Chapitre 2 La méthode d'enseignement par analogie ·············· 25

1 La fonction et le sens de la méthode d'enseignement par analogie

·· 27

1.1 Susciter la motivation et l'intérêt d'apprentissage ·············· 27

1.2 Aider les apprenants à comprendre les éléments et les conceptions

abstraits ·· 28

1.3 Donner de l'inspiration aux apprenants pour avoir une mode de

pensée scientifique ································· 28

2 L'emploi de la méthode analogique dans l'enseignement ·············· 29

2.1 Les sources analogiques variées ································· 29

2.2 Les méthodes analogiques variées ····························· 32

3 Quelques remarques sur l'emploi de la méthode d'enseignement par

analogie ·· 34

Chapitre 3 Enseigner une langue étrangère par analogie ·············· 36

1 L'analogie et la création du lexique ····························· 37

2 L'analogie fautive ··· 40

3 L'analogie dans les langues ································· 42

**DEUXIÈME PARTIE L'APPLICATION DE L'ANALOGIE DANS L'ENSEIGNEMENT
DU FRANÇAIS POUR LES APPRENANTS DE NIVEAU DÉBUTANT —
L'ENSEIGNEMENT DE LA GRAMMAIRE** ····················· 45

Chapitre 4 Enseigner la prononciation par analogie ·············· 49

1 La classification de la phonétique ························· 50

1.1 La phonétique articulatoire ····························· 51

1.2 La phonétique acoustique ····························· 52

1.3　La phonétique auditive ·· 53

2　Les modes théoriques de la phonologie ·························· 54

2.1　Le mode phonémique ·· 54

2.2　Le mode d'analyse prosodique ·································· 56

2.3　Le mode de la phonologie générative ····················· 58

3　Les moyens pour réaliser l'analogie ····························· 61

3.1　La phonétique articulatoire ····································· 62

3.2　La phonétique acoustique ·· 68

3.3　Le phonème segmental ·· 70

3.4　La syllabe ·· 74

3.5　Le phonème suprasegmental ···································· 76

4　Conclusion ··· 83

Chapitre 5　Enseigner le vocabulaire par analogie ··············· 84

1　Analyse analogique entre le vocabulaire anglais et le vocabulaire français

·· 88

1.1　Le nom ··· 88

1.2　L'adjectif et l'adverbe ·· 95

1.3　Le verbe ··· 101

2　Analogie fautive et faux-amis ····································· 109

3　Conclusion ·· 114

Chapitre 6　Enseigner la structure syntaxique par analogie ····· 115

1　Les phrases simples ·· 117

1.1　Les phrases à double complément ···························· 119

1.2　Les phrases du type《 il y a 》 ······························· 124

1.3　Les phrases à la voix passive ································· 127

2　Les phrases complexes ·· 138

2.1 Les phrases à coordination ·················· 139

2.2 Les phrases à subordination ·················· 142

3 Conclusion ·················· 159

TROISIÈME PARTIE L'APPLICATION DE L'ANALOGIE DANS L'ENSEIGNEMENT DU FRANÇAIS POUR LES APPRENANTS DE NIVEAU INTERMÉDIAIRE ET AVANCÉ ·················· 161

Chapitre 7 Enseigner les proverbes français par analogie ·················· 164

1 Les procédés rhétoriques exprimés dans les proverbes français et chinois ·················· 165

1.1 La rime et l'allitération ·················· 166

1.2 L'image ·················· 168

1.3 La personnification ·················· 172

1.4 L'antithèse ·················· 174

1.5 La métonymie ·················· 175

2 Similarités culturelles entre les proverbes français et chinois ········· 176

2.1 La connotation identique exprimée par le même animal ········· 179

2.2 La connotation identique exprimée par des animaux différents ·················· 182

3 Différences culturelles révélées dans les proverbes français et chinois ·················· 184

3.1 Habitudes alimentaires ·················· 184

3.2 Croyances religieuses ·················· 186

3.3 Allusions historiques et littéraires ·················· 189

4 Conclusion ·················· 191

Chapitre 8   Former la compétence pragmatique par analogie ·················· 193

   1   La compétence pragmatique ······························· 193

   2   L'application de l'analogie dans l'enseignement de la pragmatique

   ··· 195

      2.1   La demande ······································· 196

      2.2   La salutation ······························· 199

      2.3   L'excuse et le remerciement ····························· 202

      2.4   Les autres formules conventionnelles de politesse ··············· 203

   3   Conclusion ·· 205

Conclusion ··· 208

Bibliographie ··· 214

Annexe 1 ··· 232

Annexe 2 ··· 233

v

Introduction

L'enseignement du français a une longue histoire en Chine, qui commence au début du 17ème siècle, avec le contact et la communication entre la France et la Chine. Le français est d'abord enseigné dans le cadre des activités missionnaires, ce qui marque l'ouverture de l'enseignement de la langue française en Chine. Durant les 400 dernières années, l'enseignement du français en Chine a connu des hauts et des bas.

Ces dernières années, on a vu un nombre croissant d'apprenants ; pour répondre à leur besoin, l'enseignement du français est toujours au centre des recherches des éducateurs. Afin de mieux enseigner cette langue, on n'arrête pas de chercher de nouvelles méthodes. De la méthode grammaire-traduction qui est la plus utilisée mais la plus critiquée, à la méthode directe, la méthodologie structuro-globale audiovisuelle, la méthode audio-orale qui sont plus modernes, on trouve toujours des inconvénients. Quant à la méthode que nous avons proposée ici, l'enseignement par analogie, on ne peut pas dire que cette méthode ne présente aucun problème dans le processus d'enseignement, mais d'après nous, enseigner le français par analogie peut largement faciliter l'enseignement et aider les apprenants à comprendre les règles de cette langue.

Cette idée de m'intéresser à l'application de l'analogie linguistique dans l'enseignement du français remonte à mon premier cours de français à l'université. Je me souviens que mon professeur affirmait qu'il était obligatoire d'oublier tout notre anglais dans un cours de français, parce que les connaissances sur la langue anglaise dérangeaient sans doute l'apprentissage du français. Pour moi, c'était vraiment un dommage, parce que j'avais appris l'anglais pendant dix ans, et c'était aussi le cas de la plupart de mes camarades.

Avec la diffusion de l'anglais dans le monde entier, les Chinois insistent beaucoup sur l'apprentissage de l'anglais. L'école primaire pose le cours d'anglais comme un cours obligatoire aux enfants à partir de 6 ans ; l'évaluation de l'anglais occupe une place importante dans les concours d'admission au collège, au lycée et surtout à l'université. Et au contraire, l'enseignement du français est plutôt proposé comme une spécialité universitaire ou une langue étrangère seconde aux étudiants, ou bien la langue est apprise par les adultes qui veulent travailler en Afrique ou immigrer au Québec. Ces apprenants ont un point commun : une bonne connaissance de la langue anglaise.

Le français et l'anglais sont deux langues qui appartiennent à des branches de l'indo-européen, le français appartient à la famille des langues romanes, et l'anglais à celle des langues germaniques. En raison de la conquête normande du 11e siècle, l'influence du français sur l'anglais a duré à peu près 200 ans, on trouve donc beaucoup de ressemblances ainsi qu'une grande différence entre ces deux langues. Pour les apprenants chinois dont la langue maternelle est une langue isolante, et surtout pour les étudiants et les adultes, on constate beaucoup de difficultés dans le processus d'apprentissage du français. En ce cas, la coexistence de la ressemblance et de la différence entre l'anglais et le français devient importante, parce qu'elle leur apporte des influences à la fois positives et négatives dans l'apprentissage.

Quand on parle de l'analogie, la première explication qui nous vient à l'esprit est « la comparaison ». En fait, cette explication n'est pas complète. P. Monneret a donné l'explication sur la définition de ce terme : « La définition large de l'analogie, qui servira de point de départ à cet axe, est la suivante : on appellera analogique tout processus qui implique une forme de similarité. Classiquement, on peut en premier lieu distinguer l'analogie binaire, qui repose sur la similarité de deux entités, de l'analogie proportionnelle, qui repose sur une similarité relationnelle entre des éléments composant une entité complexe. Quant à la notion de similarité, elle s'oppose non seulement, du point de vue logique, à la différence et à l'identité, qui en sont les deux négations, mais aussi, et sur un autre plan, à une seconde relation fondamentale, la relation de contiguïté.[1] » Avec cette explication, on constate que c'est la relation entre les deux entités qui compte le plus. Donc, notre travail est de mettre en relation la langue française et la langue anglaise, mais ce n'est pas suffisant.

Malgré le fait que le chinois soit loin des langues indo-européennes et que l'intercompréhension soit impossible pour les locuteurs, on trouve toujours des ressemblances entre le chinois et le français dans le processus d'apprentissage, parce que la culture chinoise et la culture française ont des points communs qui n'apparaissent pas dans les langues. Par conséquent, la mise en relation du chinois et du français sera aussi importante dans notre recherche.

3

---

[1]　http://www.auf.org/media/uploads/framonde_8fevrier_2012.pdf.

PREMIÈRE PARTIE

L'ANALOGIE ET L'ENSEIGNEMENT DES LANGUES

En grec, le mot *analogia* signifie la proportion mathématique. Le terme désigne une similitude non fortuite entre deux choses ou deux idées de nature différente. L'analogie joue un rôle important dans le processus de la mémorisation, de la communication et de la résolution de problèmes. Elle est utilisée comme méthode dans plusieurs disciplines, elle possède aussi sa propre définition dans des domaines divers. Dans la recherche en linguistique, l'analogie est aussi un sujet très intéressant. Selon F. Saussure, l'analogie est un principe de création des langues. « L'analogie est d'ordre psychologique ; mais cela ne suffit pas à la distinguer des phénomènes phonétiques, puisque ceux-ci peuvent être aussi considérés comme tels. Il faut aller plus loin et dire que l'analogie est d'ordre grammatical : elle suppose la conscience et la compréhension d'un rapport unissant les formes entre elles. Tandis que l'idée n'est rien dans le phénomène phonétique, son intervention est nécessaire en matière d'analogie.[①] » La langue est un système de signes qui exprime l'idée et qui est lié aux phénomènes phonétiques. Et sur la création de la langue, il dit aussi : « Toute création doit être précédée d'une comparaison inconsciente des matériaux déposés dans le trésor de la langue où les formes génératrices sont rangées selon leurs rapports syntagmatiques et associatifs.[②] »

Comme la création de la langue a une relation importante avec l'analogie, pourquoi ne pas employer cette méthode dans l'enseignement des langues ? En effet, on l'a déjà utilisée dans l'enseignement scientifique. Comme méthode efficace de l'apprentissage scientifique, elle est un moyen important pour susciter la motivation d'apprentissage des élèves, les aider à comprendre les choses abstraites et les concepts et développer leur capacité d'innovation. Connaissant les avantages de cette méthode, nous allons prouver que l'application de l'analogie linguistique est admissible dans l'enseignement des langues.

---

① DE SAUSSURE F., *Cours de linguistique générale*, Paris : Editions Payot & Rivages, 1995, p. 226.

② *Ibid.*, p. 227.

Chapitre 1

Le raisonnement par analogie

L'analogie est une des trois formes de la pensée logique, elle est une forme abstraite du raisonnement logique. Elle est basée sur le raisonnement inductif qui va de l'individu à l'universel et le raisonnement déductif qui, au contraire, va de l'universel à l'individu, mais le raisonnement analogique vient de l'individu à l'individu ou de l'universel à l'universel. Ces trois formes logiques sont synthétisées et résumées dans le processus cognitif humain sur les règles et l'essence du monde objectif ; mais les gens emploient plutôt ces formes logiques pour connaître et découvrir le monde.

Le raisonnement par analogie est un contenu important des domaines scientifiques comme la philosophie, la logique, la psychologie, etc., il est le mécanisme le plus important dans les activités cérébrales des êtres humains, et est aussi un outil qui assure un apprentissage effectif pour l'individu. La création, le développement et la formation du raisonnement analogique sont une assurance importante dans l'accomplissement des activités cognitives de l'individu.

Ces dernières années, les recherches sur le raisonnement par analogie deviennent de plus en plus importantes et actives dans le domaine de la recherche sur les processus cognitifs.

1 Les théories principales

À partir des années 50 et 60, les recherches sur le raisonnement par analogie se concentrent sur deux problèmes : l'essence du raisonnement par analogie et la relation entre le raisonnement par analogie et la résolution de problèmes. À travers ces recherches, on a obtenu des théories acceptées par les savants, mais il existe malgré tout des opinions différentes sur la nature des objets d'origine, la limitation du raisonnement, ainsi que l'influence des caractéristiques de conscience sur l'objet cible.

1.1 La théorie de la mise en correspondance entre structures (*structure mapping*)

Cette théorie est proposée par D. Gentner en 1983 dans son article 《 Structure-Mapping : A Theoretical Framework for Analogy 》[1], dans cet article, 《 l'auteur décrit le formalisme nécessaire au codage des stimuli analogues et les contraintes essentielles au raisonnement par analogie en mettant l'accent sur les contraintes structurales. En effet, le déroulement du processus analogique est essentiellement contraint par cette composante structurale et le cœur de l'analogie réside dans la capacité fondamentale d'identifier des correspondances terme à terme sur la base d'une similitude relationnelle.[2] 》

L'auteur pense aussi que l'élément le plus fondamental dans l'analogie est la liaison entre la source et la cible. Pour réaliser cette liaison, il faut posséder 3

---

[1] GENTNER D., 《 Structure-Mapping : A Theoretical Framework for Analogy 》, *Cognitive Science*, 7, 1983, pp. 155 - 170.

[2] RIPOLL T., 《 Les modèles du raisonnement par analogie 》, *Métaphores et Analogies*, Paris : Lavoisier, 2003, p. 236.

caractéristiques : la continuité de structure, l'importance de la relation et la systématicité.

En un mot, la nature et la caractéristique de la relation dans le raisonnement par analogie sont bien exigées dans la théoriede la mise en correspondance entre structures (*structure mapping*). En somme, la cohérence et l'appariement des objets analogiques sont très importants.

1.2   La théorie multi-contrainte

Les promoteurs de cette théorie, Keith Holyoak et Paul Thagard, ont examiné, à travers leur recherche, « The Analogical Mind »[1], l'utilisation de l'analogie dans la pensée humaine du point de vue d'une théorie multi-contrainte, qui postule trois types de contraintes : la similitude, la structure et le but. Le fonctionnement de ces contraintes est apparent dans les expériences de laboratoire sur l'analogie et dans les contextes naturalistes, y compris la politique, la psychothérapie, et la recherche scientifique. Ils ont aussi exposé la façon dont la théoric multi-contrainte peut être mise en œuvre par des simulations informatiques de l'esprit humain analogique.

Selon les auteurs, la théorie multi-contrainte suppose que l'utilisation de l'analogie par les individus est guidée par un certain nombre de contraintes générales qui encouragent la cohérence dans la pensée analogique. Comme on l'a déjà exposé plus haut, il existe trois types de contraintes : la similitude, la structure et le but.

Ces trois types de contraintes ne sont pas des règles strictes qui ordonnent l'interprétation de l'analogie. Au contraire, ils fonctionnent plutôt comme des pressions diverses qui guident un architecte engagé dans le *design* créatif, avec quelques forces convergentes, d'autres divergentes, et leur interaction fait

---

[1]   HOLYOAK K., THAGARD P., « The Analogical Mind », *American Psychologist*, Vol. 52, January 1997, pp. 35 – 44.

pression vers une compromission satisfaisante qui présente une cohérence interne.

1.3　La théorie de perception de haut niveau

Cette théorie est proposée par D. Gentner et A. B. Markman dans leur article publié en 1997 《 Structure Mapping in Analogy and Similarity 》[①], selon les auteurs, la perception humaine est divisée en deux parties, la perception de bas niveau et la perception de haut niveau.

La perception de bas niveau implique le traitement rapide des informations dans les différentes modalités sensorielles. D'autre part, pour la perception de haut niveau, il s'agit de prendre une vue plus globale de ces informations, d'extraire le sens à partir des matières premières en accédant à des concepts et de donner un sens selon la situation à un niveau conceptuel. Ce domaine comprend la relation entre la reconnaissance des objets et la saisie des sens abstraits des objets et la compréhension de la situation entière. C'est-à-dire, l'analogie comprend en elle le processus de perception de contexte et le processus de la mise en correspondance. Pendant le processus de perception de contexte, la représentation mentale est formée à travers le filtrage et l'organisation des matières. Pendant le processus de mise en correspondance, l'analogie définie est créée à travers la représentation des deux contextes et la formation de la correspondance un-à-un. Ces deux processus sont indivisibles et ils s'affectent mutuellement, parce que le processus de la mise en correspondance a besoin du processus de perception pour produire la représentation et que le processus de perception a besoin de la participation du *mapping* pour devenir une perception significative. Le niveau de perception de contexte a une grande influence sur la représentation de contexte et sur l'effet

10

---

① GENTNER D., MARKMAN A.B., 《 Structure Mapping in Analogy and Similarity 》, *American Psychologist*, Vol. 52, January 1997, pp. 45 - 56.

du raisonnement par analogie, un niveau plus haut peut produire une représentation plus claire et un raisonnement plus raisonnable.

2   La recherche sur le développement du raisonnement par analogie

Pour les apprenants de tous les âges, l'analogie, comme mécanisme d'apprentissage, est un élément déterminant dans l'acquisition des connaissances. La recherche du raisonnement par analogie est une partie très importante du développement cognitif des enfants. Du point de vue développemental, beaucoup de chercheurs ont présenté leur opinion sur le développement du raisonnement par analogie, comme Piaget, Sternberg, Gentner, Brown, Halford, Goswami, etc.

Dans la recherche du développement du raisonnement par analogie, les deux questions les plus discutées et les plus étudiées sont :

1) Quand apparaît le raisonnement par analogie ?

2) Quel est l'élément potentiel qui pousse le développement de la capacité de raisonnement analogique des enfants ?

Pour la première question, on a le représentant traditionnel comme Piaget, qui pense que le développement du raisonnement analogique s'accorde avec le développement de la forme de l'opération, les enfants dès l'âge de 11 ou 12 ans peuvent véritablement accomplir un raisonnement analogique. Mais dans les recherches postérieures, beaucoup de savants ont mis cette proposition en question : ils pensent que dans une situation familière, les enfants peuvent accomplir la tâche analogique à un âge plus jeune que celui proposé par Piaget. Selon Goswami, la capacité de raisonnement analogique peut être présente chez l'enfant dès un très jeune âge, même le bébé possède une sensibilité à la similitude de relation. La condition nécessaire pour raisonner par analogie est de connaître les relations impliquées. Pour la deuxième question, on a trois types d'opinions :

1) le développement du raisonnement par analogie est limité par la capacité, comme l'expriment Piaget, Sternberg et Halford ;

2) le développement du raisonnement par analogie est limité par l'expérience et la connaissance, comme l'expriment Brown, Goswami ;

3) ces deux limites sont possibles dans le développement du raisonnement par analogie, comme l'expriment Gentner.

Ici, on présente la recherche du développement du raisonnement par analogie en deux parties, l'une concerne le développement de structure, et l'autre le développement de connaissance.

2.1 L'opinion du développement de structure

Cette opinion est soutenue par plusieurs chercheurs et est présentée dans leur recherche. Ici, nous allons citer trois théories représentatives : la théorie de l'étape structurale, la théorie componentielle et la théorie de transfert intentionnel.

2.1.1 La théorie de l'étape structurale de Piaget[①]

Selon Piaget, le raisonnement par analogie est un exemple typique de complétion du développement de structure de l'opération formelle : avant l'âge de 12 ans, les enfants possèdent seulement la condition, c'est-à-dire qu'ils obtiennent la façon de pensée abstraite pour résoudre les problèmes de ce genre, mais ne possèdent pas encore les capacités pour résoudre ces problèmes.

À travers des expérimentations, Piaget a divisé le raisonnement analogique des enfants en trois stades et a prouvé cette opinion. Les enfants qui se trouvent

---

① Jean Piaget est un psychologue, biologiste, logicien et épistémologue suisse connu pour ses travaux en psychologie du développement et en épistémologie à travers ce qu'il a appelé l'épistémologie génétique.

au stade préopératoire, le stade I, n'ont pas une connaissance stable sur l'appariement des objets A, B, C, et D ; la classification logique n'est pas possible pour eux. « À part quelques cas avancés les sujets du niveau préopératoire de 5 - 6 ans échouent à atteindre les corrélats tout en pouvant en de rares occasions en ébaucher quelques formes momentanées. Ces sujets n'en méritent pas moins un examen attentif quant à deux questions importantes : en quoi consistent les relations élémentaires qu'ils établissent entre les objets et en quelles circonstances ébauchent-ils des relations de relations ? [①] » Piaget a divisé ce stade en deux niveaux, IA et IB. Au niveau IA, les enfants construisent parfois des paires selon « des appartenances objectives, des ressemblances figurales, des contiguïtés, des relations causales occasionnelles », etc., mais il ne s'agit que de relations momentanément rapprochées sans corrélat stable, c'est-à-dire que les enfant n'ont pas encore les capacités pour construire une relation entre les objets ; d'autre part, « un niveau un peu supérieur au précédent et qu'on peut appeler IB est celui où le sujet s'efforce de fonder les paires sur des rapports objectifs mais sans mieux réussir pour autant les épreuves de matrices ni les corrélats.[②] » À ce niveau, les enfants peuvent éventuellement construire les paires correctes dans le processus d'appariement des objets, mais l'égocentrisme des enfants intervient aussi dans ce processus.

Pour les enfants au stade de l'opération concrète, Piaget a aussi proposé deux niveaux : IIA et IIB. « Le stade II qui s'étend en moyenne de 7 - 8 à 10 - 11 ans nous est bien connu du point de vue des activités classificatrices du sujet : en un premier niveau IIA il y a construction simultanée des classifications simples et des matrices mais sans achèvement des quantifications nécessaires tandis qu'en

①　PIAGET J. avec MONTANGERO J., BILLETER J.-B., « La Formation des corrélats », *Recherches sur l'abstraction réfléchissante : 1. L'abstraction des relations logico-arithmétiques*, Paris : Presses Universitaires de France, 1977, pp. 116 - 117.

②　*Ibid.*, p. 117.

IIB il y a achèvement et équilibration.[①] 》 Au niveau IIA, les enfants possèdent la capacité de classification des matières selon leur nature, ils peuvent construire et employer les relations de matières à travers le tâtonnement, mais la capacité à résister à la perturbation n'est pas suffisante, ils se trouvent déconcertés par les réponses semblables. Mais au niveau IIB, leur capacité à résister à la perturbation est plus forte. En général, les enfants au stade II possèdent la capacité du raisonnement par analogie.

Au stade III, le stade de l'opération formelle, la capacité du raisonnement par analogie des enfants est définitivement présente, 《 ils atteignent naturellement les corrélats sans plus de tâtonnements[②] 》, ils peuvent résister à la perturbation et comprendre l'analogie avec les proportions, comme 《 la prise c'est pour l'aspirateur et la pompe pour l'auto[③] 》. Cela signifie que les enfants peuvent fonder les paires selon la relation de nature pour accomplir le raisonnement par analogie.

Évidemment, les recherches de Piaget sur le raisonnement par analogie des enfants révèlent le mécanisme interne de l'apparition du raisonnement analogique, c'est-à-dire le changement de la construction à tous les stades. 《 La construction des corrélats constitue un exemple d'abstraction réfléchissante d'autant plus beau que leur contenu est dû à une suite d'abstraction empiriques, puisqu'il porte sur les propriétés intrinsèques des objets. Cette construction consiste donc essentiellement en l'élaboration d'une forme et les faits qui

---

① PIAGET J. avec MONTANGERO J., BILLETER J.-B., 《 La Formation des corrélats 》, *op. cit.*, p. 119.

② *Ibid.*, p. 124.

③ C'est une expérimentation de Piaget dans les recherches sur l'abstraction réfléchissante. ERI après réussites rapides invente comme corrélat : une lampe de poche — une pile et un fourneau — le gaz. On lui propose de comparer la proportion 2/4 = 3/6 à prise/aspirateur = pompe à essence/auto. 《 Que veut dire le signe = ? — *Ça fait la même chose : les 2/4 c'est la moitié, les 3/6 aussi.* — Et ça ressemble à ça (corrélat). — *Oui, la prise et la pompe ça sert à la même chose.* — Le signe = vaut seulement pour la prise et la pompe ? — *Je ne vois pas pourquoi. Ah ! Oui la prise c'est pour l'aspirateur et la pompe pour l'auto.* 》

précèdent en montrent les étapes avec une certaine clarté.[1] » D'autre part, ses recherches reflètent la liaison compacte entre la théorie du raisonnement par analogie et la théorie principale du développement cognitif des enfants.

2.1.2   La théorie componentielle de Sternberg[2]

Sternberg a fait des recherches, du point de vue du traitement d'informations, sur le développement du raisonnement par analogie classique de Piaget. Son expérimentation est faite avec des élèves de troisième, sixième, neuvième années et d'université. 20 sujets ont été testés pour leur capacité relative à la solution des problèmes de 180 analogies verbales basées sur 5 relations verbales différentes. Ces analogies ont été présentées sous 3 formes différentes qui varient dans le nombre de termes sur l'origine analogique par rapport au nombre de termes sur les options analogiques. On a trouvé que :

1) une théorie componentielle du raisonnement analogique a été un succès dans la comptabilisation des données du temps de réponse à tous les niveaux et les données fautes à tous les niveaux sauf celui de l'université ;

2) les élèves de troisième et de sixième années ont utilisé une stratégie différente, de celle qui est utilisée par les élèves de neuvième année et les étudiants ;

3) les relations antonymes et fonctionnelles ont été plus faciles à traiter à tous les niveaux que les relations synonymes, d'adhérence et d'ordre linéaire ;

4) une nouvelle méthode de composant isolant dans les processus cognitifs, la méthode de « *stem splitting* »[3], a fourni de nouvelles observations sur les

---

[1]   PIAGET J. avec MONTANGERO J., BILLETER J.-B., « La Formation des corrélats », *op. cit*, p. 126.

[2]   Robert Sternberg est un psychologue américain contemporain qui s'intéresse à l'intelligence, à l'intelligence pratique, à l'intelligence gagnante (*successful intelligence*), à la créativité, à l'intelligence créative, au leadership, etc.

[3]   STERNBERG R.J., NIGRO G., « Developmental Patterns in the Solution of Verbal Analogies », *Child Development*, N°1, Vol. 51, Mars 1980, p. 27.

changements de stratégie liés à l'âge dans la solution des analogies verbales.

Selon la théorie componentielle de Sternberg, six processus composants peuvent être utilisés dans le raisonnement par analogie[①] :

1) l'encodage de tous les objets par l'analogie ;

2) l'inférence de la relation entre les objets A et B ;

3) la mise en correspondance : trouver et établir la relation entre les objets A et C ;

4) l'emploi de cette relation sur l'objet B ;

5) l'affirmation de l'appariement entre les objets B et D ;

6) la réaction.

Sternberg et ses collègues ont fait des recherches sur des enfants de tous âges et leur capacité d'emploi des composants différents. En faisant des comparaisons, ils ont trouvé qu'au niveau d'action du raisonnement analogique, les enfants n'ont presque pas présenté de différence qualificative du développement ; quant à la vitesse d'application des composants différents, on a trouvé que les enfants les plus âgés ont pu appliquer le plus vite, et vice versa. Sternberg et Rifkin pensent que cette différence de développement s'accorde avec la théorie de Piaget, l'application de la mise en correspondance a besoin d'une reconnaissance sur la relation de haut niveau entre les objets A et B et les objets C et D. Mais à travers les

---

① Un exemple dans la recherche de Sternberg : 《 Consider, for exemple, the analogy *apple : eat : : milk : (white, drink, cow, sweet)*. Accroding to the theory, the reasoner 1) encodes each term of the analogy, as needed, retrieving from semantic memory a list of attributes for each term that might be relevant for analogy solution ; 2) infers the relation between *apple* and *eat*, recognizing that one eats an apple ; 3) maps the higher-order relation linking the first half of the analogy (starting with *apple*) to the second half of the analogy (starting with *milk*), realizing that both halves of the analogy concern operations performed upon foods ; 4) applies the previously inferred relation from *milk* to at least some of the answer options, seeking an option that bears the same relation to *milk* that *eat* does to *apple* ; 5) optionally, if one of the considered answer options seems quite right, justifies one option as preferred to the others, although nonideal ; and 6) responds by communicating the chosen option, here *drink*. 》

expérimentations, on a rencontré des difficultés de perception de haut niveau parmi les objets pour les enfants de moins de 8 ans, qui ont malgré tout accompli, certaines fois, un raisonnement par analogie. « Lorsqu'on recherche des analogies, il convient d'être attentif à ne pas se fourvoyer dans des associations non pertinentes entre deux choses au plan de leur analogie. Par exemple, avec Georgia Nigro, nous avons étudié les solutions produites par des enfants pour des analogies verbales de la forme "A est à B ce que C est à X", les enfants disposant d'options à choix multiple pour X. Il apparaît que les enfants choisissent souvent une réponse proche au plan de l'association mais incorrecte au niveau analogique.[1] » D'après Sternberg, la raison de ce succès est la fonction stratégique de l'association d'idées et non le raisonnement par analogie.

2.1.3   La théorie de transfert intentionnel de Gentner[2]

Sur les bases de sa théorie de la mise en correspondance entre structures (*structure mapping*), Gentner a aussi proposé « la théorie de transfert intentionnel[3] » à travers des observations sur la solution des problèmes analogiques rencontrés par les enfants. Gentner prétend que « les analogies entre les problèmes impliquent des repérages de relations entre les problèmes ; les attributs réels du contenu des problèmes ne sont pas pertinents. En d'autres termes, ce qui compte dans les analogies, ce n'est pas la similitude du contenu, mais le degré d'ajustement des systèmes de relations structurelles. Étant accoutumés à accorder une plus grande importance au contenu, il nous est plus

---

[1]   STERNBERG R. J., *Manuel de psychologie cognitive : Du laboratoire à la vie quotidienne*, Bruxelles : De Boeck & Larcier s. a., 2007, p. 420.

[2]   Dedre Gentner est professeur au département de psychologie de l'Université Northwestern. Elle est un chercheur éminent dans l'étude du raisonnement par analogie. Son travail sur la théorie *structure mapping* est fondamental pour le développement du SME (*Structure mapping engine*) par Ken Forbus.

[3]   GENTNER D., *The Mechanisms of Analogical Learning, Similarity and Analogical Reasoning*, Cambridge : Cambridge University Press, 1989, pp. 199 – 241.

difficile de le mettre en arrière-plan au profit de la forme (relations structurales).[1] »

D'après Gentner, le développement du raisonnement analogique des enfants est une transparence : tout d'abord, les enfants se focalisent sur la similitude apparente entre les objets analogiques, avec le développement, ils se focalisent plutôt sur la similitude dans la structure de relation interne des objets analogiques. « Gentner appelle transparence le mécanisme opposé qui consiste à voir des analogies là où elles n'existent pas, à cause d'une similitude de contenu. Lorsqu'on procède par analogie, on doit assurer qu'on se focalise sur les relations entre les deux termes comparés et pas seulement sur leurs attributs de contenu en surface. [...] La transparence du contenu peut conduire à un transfert négatif entre des problèmes non isomorphes si on ne prend pas garder d'éviter un tel transfert.[2] » L'enjeu de la réalisation de cette transparence est la capacité de systématicité, les enfants doivent posséder une capacité pour organiser des objets analogiques ainsi que les relations entre ces objets. Mais du fait de l'absence de cette capacité durant la première période, les enfants ne peuvent que s'appuyer sur la similitude apparente entre les objets analogiques pour fonder leur raisonnement par analogie.

Les trois chercheurs que l'on a cités plus haut, Piaget, Sternberg et Gentner, ont fait des recherches, sous différents angles, sur le problème du mécanisme de développement du raisonnement par analogie chez les enfants. Dans leurs recherches, on trouve des opinions communes : le développement du raisonnement par analogie des enfants est limité par certains événements et il existe des stades dans ce développement ; l'obstacle principal pour le développement est l'absence de capacités de raisonnement analogique de haut niveau.

---

[1] STERNBERG R. J., *Manuel de psychologie cognitive : Du laboratoire à la vie quotidienne*, *op. cit.*, p. 420.

[2] *Ibid.*, p. 421.

2.2   L'opinion du développement de connaissance

Cette opinion est représentée par Brown et Kane dans leur recherche sur le transfert analogique chez les jeunes enfants[1]. Selon elles, la croissance de la capacité du raisonnement par analogie dépend de l'augmentation de l'âge, et constitue le résultat de l'accumulation des connaissances et des expériences.

La capacité des enfants à transférer ce qu'ils ont appris dans une situation de problème analogique est examinée dans une série des études. Dans leur étude, elles « ont utilisé la tâche de résolution de problèmes auprès de très jeunes enfants. Elles ont trouvé que les enfants de 4 et de 5 ans étaient capables de mettre en correspondance les relations entre deux histoires pour trouver la solution analogique. De plus, le transfert des relations se produisait en l'absence de similarité de surface entre les deux histoires.[2] » Les chercheurs ont fait des prédictions : si l'on donne aux enfants des tâches analogiques qu'ils connaissent bien et qu'on leur fait faire un raisonnement par analogie avec les connaissances qu'ils ont acquises, ils peuvent montrer leur capacité de raisonnement. D'après Brown, au commencement de la vie, chercher l'explication de causalité est un mécanisme fort d'apprentissage : s'il existe une similitude de relation au niveau de structure causale et que les enfants possèdent des connaissances dans le domaine conjoint, la capacité au raisonnement analogique peut être facilement exprimée, même chez les bébés âgés de 20 mois.

Selon un autre chercheur, Frank Keil, à travers sa recherche publiée dans

---

[1]   BROWN A. L., KANE M. J., LONG C., « Analogical Transfer in Young Children : Analogies as Tools for Communication and Exposition », *Applied Cognitive Psychology*, Vol. 3, 1989, pp. 275 - 293.

[2]   VEZNEVA M., *Développement du raisonnement analogique : rôle de la composante exécutive d'inhibition*, Dijon : Université de Bourgogne, Vol. 1, 2011, p. 32.

son livre *Concepts, Kinds and Cognitive Development*①, dans le processus du développement du raisonnement par analogie chez les enfants, celui qui se développe n'est pas le mécanisme, mais le système de conception qui est contrôlé par le mécanisme.

L'idée du développement de connaissance a expliqué des problèmes que celle du développement de structure ne peut pas expliquer, mais il existe dans cette conception un flou qui est fortement critiqué. De plus, dans la tâche analogique de résolution de problèmes, s'il n'y a pas de piste de similitude apparente, il devient impossible d'accomplir cette tâche, malgré un système de conception et de connaissance des objets analogiques. Sans aucun doute, ces deux opinions ont leurs défauts sur l'explication du mécanisme de développement du raisonnement par analogie chez les enfants. En particulier, les recherches sur son emploi ne paraissent pas suffisantes.

3 Les recherches appliquées du raisonnement par analogie

L'analogie consiste à utiliser des connaissances acquises sur des phénomènes ou des situations pour comprendre d'autres phénomènes ou agir sur d'autres situations en s'appuyant sur des similitudes perçues, mais sans avoir la certitude qu'elles relèvent de la même catégorie et donc qu'elles sont pertinentes. L'analogie permet d'aborder l'inconnu à partir de ce que l'on connaît : elle a donc *a priori* une valeur adaptative majeure. Pourtant l'étude de l'analogie a été introduite assez récemment en psychologie. Cela tient sans doute à ce que, comme tout phénomène d'adaptation, elle présente deux aspects, assimilation et accommodation, pour utiliser le langage piagétien, dont on a du mal à voir comment ils s'articulent l'un à l'autre.

---

① KEIL F., *Concepts, Kinds and Cognitive Development*, Cambridge, MA : The MIT Press, 1989.

3.1   Recherches à propos de l'influence sur des activités d'apprentissage des enfants

Les chercheurs japonais Inagaki et Hatano ont étudié la fonction du raisonnement analogique dans l'apprentissage de la biologie[1]. Ils ont fait des expérimentations auprès de 40 enfants de six ans ; ils ont demandé aux enfants de prévoir les réactions d'un objet animé (un animal ou une plante) dans trois types de situations nouvelles. Pour le premier type, les réactions d'objet peuvent être prévues précisément par analogie avec l'être humain ; pour le deuxième type, l'objet doit réagir différemment de l'être humain, et les prédictions sont faites selon l'analogie avec l'être humain et sont tout à fait contradictoires avec les connaissances des enfants sur l'objet ; pour le troisième type, les prédictions basées sur l'analogie avec l'être humain sont impropres mais elles ne sont pas contradictoires avec leurs connaissances. Leur recherche montre que les enfants sont capables d'utiliser leurs connaissances sur les êtres humains comme source d'analogie avec des animaux ou des plantes. Ce sont des connaissances générales sur les êtres humains et non sur une personne particulière qui constituent la source. Selon eux, le raisonnement par analogie peut aider les enfants à accepter et apprendre les conceptions biologiques.

Patrick Winston a aussi étudié l'influence du raisonnement analogique sur la lecture. Selon lui, l'utilisation d'analogies dans le processus d'apprentissage et de raisonnement est une compétence spécifique. Connaissant une description contrainte dans un domaine, on peut apprendre quelques choses en utilisant l'analogie pour générer une description contrainte dans un autre domaine. Selon

---

[1]   INAGAKI K., HATANO G., « Constrained Person Analogy in Young Children's Biological Inference », *Cognitive Development*, Vol. 6, Issue 2, April-June 1991, pp. 219 – 231.

sa recherche[①] sur la lecture de mots nouveaux, on découvre qu'une fois qu'ils maîtrisent les connaissances sur la relation analogique, quand les enfants rencontrent de nouveaux mots, ils savent utiliser la similitude lexicale pour comprendre leurs sens, et le raisonnement par analogie peut aussi les aider à comprendre le texte.

Bien que les domaines de recherche de ces chercheurs ne soient pas les mêmes, on a obtenu la même conclusion : en offrant un certain nombre d'analogies correctes, on peut aider les enfants à apprendre et à saisir les connaissances abstraites et étrangères.

3.2　Recherches à propos de l'influence sur l'opération du raisonnement par analogie

Selon la recherche de Z. Chen, l'élément qui influence le raisonnement par analogie des enfants n'est pas la structure, ni les connaissances, mais la similitude entre le domaine source et le domaine cible. Il a fait deux expérimentations avec des enfants de 5 et 8 ans pour déterminer les effets de différents types de similitudes sur la résolution des problèmes analogiques et explorer les compositions cognitives qui sont responsables de ces effets. Trois dimensions de similitude partagée par les problèmes source et cible ont été manipulées, et la performance des enfants pour résoudre des problèmes a été évaluée avec des mesures multiples.

Les résultats d'expérimentation indiquent que les similitudes différentes ont des influences diverses sur le processus du raisonnement par analogie, les similitudes superficielle et structurelle influencent l'opération de raisonnement analogique des enfants à travers la faculté de produire des analogies, et la similitude de procédure influence l'opération de raisonnement à travers le

---

① WINSTON P. H., 《 Learning and Reasoning by Analogy 》, *Communications of the ACM*, Vol. 23, 1980, pp. 689 - 703.

processus d'application des analogies.

Les résultats indiquent aussi que les enfants de 5 et 6 ans sont capables de découvrir et d'utiliser des similitudes dans les caractéristiques superficielles, les relations structurelles et les opérations de procédure.

Tous ces résultats démontrent qu'une utilisation correcte de l'analogie dans l'enseignement a un effet positif pour optimiser le processus cognitif des apprenants.

3.3   Recherches à propos de l'influence sur le processus de développement

Depuis que Piaget a proposé la théorie du développement par stades du raisonnement analogique chez les enfants, certains chercheurs n'ont pas cessé de faire des expérimentations et en même temps ont émis des doutes. Parmi eux, Hosenfeld a montré à travers ses recherches[1] que les stades du raisonnement par analogie chez les enfants ne sont pas linéaires comme Piaget les a décrits. Dans une étude longitudinale, 5 indices de la transition dans le développement du raisonnement par analogie ont été examinés chez les enfants de l'école primaire : 1) la bi-modalité ; 2) l'inaccessibilité dans les distributions fréquentes de performance de test ; 3) des sauts brusques dans les réponses des sujets transitionnels ; 4) la variance anormale ; 5) le ralentissement critique. Un test expansible sur les analogies géométriques est appliqué huit fois pendant une période de six mois avec quatre-vingts enfants de six à huit ans. Selon les résultats du test, on a trouvé des preuves solides pour la bi-modalité et des preuves faibles pour l'inaccessibilité. Dans les courbes de performance sur les sujets transitionnels, des sauts brusques ont été démontrés. En outre, les sujets transitionnels ont montré une augmentation temporaire de comportements

---

[1]   HOSENFELD B., *et al.*,《 Indicators of Discontinuous Change in the Development of Analogical Reasoning 》, *Journal of Experimental Child Psychology*, Vol. 64, Issue 3, March 1997, p. 367.

incohérents et le temps de résolution est proche du saut brusque. Les changements caractéristiques dans la performance analogique des sujets transitionnels ont été interprétés comme des changements de stratégies. Le processus de développement du raisonnement par analogie chez les enfants est non-linéaire comme le développement psychologique, il a des caractéristiques telles que la variance anormale et l'abondance de crêtes.

4 Conclusion

Jusqu'à présent, les recherches sur le raisonnement par analogiese constituent de discussions théoriques, d'études dans les laboratoires et de recherches dans le domaine du développement des enfants. Ces recherches exposent sous différents angles les problèmes fondamentaux du raisonnement par analogie, comme le mécanisme, la cause, le type, la structure et les caractéristiques de développement, mais il existe des inconvénients.

Dans le domaine théorique, nous avons la théorie de la mise en correspondance entre structure, la théorie multi-contraintes, la théorie de perception de haut niveau. Toutes ces théories font partie de la classification statique et superficielle, il manque des recherches plus profondes et multidimensionnelles. Dans le domaine pratique, les études sur le développement du raisonnement par analogie chez les enfants et les recherches sur CBR sont faites selon le schème de structure et le schème de connaissance ; il manque le schème de synthèse. Ce qu'il faut retenir, c'est que le domaine de la recherche appliquée sur le raisonnement par analogie est assez limité et que les recherches analogiques sur les problèmes de relation sociale mériteraient d'être développées. Par conséquent, dans les recherches sur le raisonnement par analogie, il faut faire attention à la mobilité des théories, ainsi qu'à leurs applications, pour permettre l'établissement d'un nouveau schème du raisonnement analogique.

Chapitre 2

La méthode d'enseignement par analogie

Le raisonnement par analogie est un mode de pensée très important pour la résolution de problèmes, il est une capacité considérable de l'être humain et concerne presque toutes les activités intellectuelles. À travers ce mode de pensée, on peut comprendre, raisonner, apprendre et synthétiser. Comme un raisonnement de type spécifique, le raisonnement par analogie ne vient pas de la création libre ou de la comparaison facultative, la similitude et la dissimilitude entre les objets est un fondement objectif et nécessaire de l'appréhension du réel. À travers la communauté ou la similitude de quelques-uns des attributs de ces objets, il est possible de raisonner sur la communauté ou la similitude de leurs autres attribus.

La méthode d'enseignement par analogie est l'application concrète du raisonnement par analogie. Cette méthode nous encourage à enseigner de façon analogique, à relier dans le processus d'enseignement les nouvelles connaissances avec celles qui sont saisies dans la mémoire et qui ont une structure similaire. En faisant l'analogie entre les deux, on peut raisonner sur la nature de l'objet inconnu, de la cible, à partir de la nature de l'objet connu, de la source. L'analogie est une méthode efficace pour découvrir l'inconnu à partir du connu. Elle peut être conceptuelle, procédurale, et aussi méthodologique.

La méthode d'enseignement par analogie a la théorie constructiviste pour support théorique. « Cette théorie de l'apprentissage développe l'idée que les connaissances se construisent par ceux qui apprennent. Pour le constructivisme, acquérir des connaissances suppose l'activité des apprenants, activité de manipulation d'idées, de connaissances, de conceptions. Activité qui vient parfois bousculer, contrarier les manières de faire et de comprendre qui sont celles de l'apprenant. L'individu est donc le protagoniste actif du processus de connaissance, et les constructions mentales qui en résultent sont le produit de son activité.[①] 》

D'après le constructivisme :

1) La subjectivité de l'apprenant est naïve, n'est pas donnée, les apprenants sont constructeurs de leurs propres connaissances. L'apprentissage est considéré comme un processus basé sur les connaissances et les expériences obtenues, un processus de construction des représentations psychologiques intérieures et des sens des nouvelles connaissances, y compris les connaissances structurales et un grand nombre de circonstances d'expérience.

2) L'apprenant n'accepte pas passivement les connaissances, mais construit ses connaissances en choisissant et en modifiant des données à partir de différentes circonstances.

3) À propos de la condition d'apprentissage, il faut mettre l'apprenant en position centrale dans les dispositifs d'enseignement-apprentissage. Il faut aussi confronter les apprenants à des activités de manipulation d'idées, de connaissances, de conceptions, de manières de faire, etc., il faut insister sur la communication, la discussion entre l'enseignant et l'apprenant pendant l'apprentissage.

4) Le but de l'apprentissage est de construire la représentation des connaissances qui sont formées dans la structure de réseaux conceptuels.

---

① BARNIER G., *Théories de l'apprentissage et pratiques d'enseignement*, Notes de conférence, Aix Marseille : Institut Universitaire de Formation des Maîtres (IUFM) de l'Académie d'Aix Marseille, 2002, p. 7, (page consultée le 12/10/2013). http://www.aix-mrs. iufm.fr/formations/fit/doc/divers/Theories_apprentissage.pdf.

1   La fonction et le sens de la méthode d'enseignement par analogie

Le rôle de l'analogie dans l'apprentissage a été largement étudié dans l'enseignement des sciences. Le but principal de l'utilisation de l'analogie comme stratégie déployée dans l'enseignement est de développer la compréhension des phénomènes abstraits à travers des références concrètes.

1.1   Susciter la motivation et l'intérêt d'apprentissage

La méthode d'enseignement par analogie est l'outil le plus efficace pour créer une situation réelle et active d'apprentissage. L'enseignant peut utiliser la situation-problème, qui « est à même de favoriser le développement d'un conflit cognitif lequel apparaît dans la théorie constructiviste comme capable de générer des changements conceptuels, de faire progresser les élèves[1] », pour encourager effectivement les apprenants à trouver de nouvelles connaissances et de nouvelles méthode. Dans la situation d'enseignement par analogie, les apprenants peuvent relier les problèmes à résoudre et les expériences acquises et trouver ensuite les objets analogues en fonction de leurs connaissances. Ils font la comparaison et l'analyse et construisent l'analogie pour chercher les règles, émettre une supposition et une preuve. À travers l'analogie, les apprenants ont l'occasion de relier les connaissances dans les manuels avec leur vie réelle, les phénomènes naturels et tout ce qui s'est passé autour d'eux. Il est possible d'attirer l'attention des apprenants et de provoquer leur intérêt d'apprentissage.

---

[1]   BARNIER G., *Théories de l'apprentissage et pratiques d'enseignement*, *op. cit.*, p. 8.

1.2 Aider les apprenants à comprendre les éléments et les conceptions abstraits

Selon la méthode d'enseignement par analogie, on peut aider les apprenants à comprendre les problèmes incompréhensibles, à mieux catégoriser les données et à mémoriser les connaissances apprises à travers l'analogie. Par le processus de comparaison, d'analyse, de synthèse, de conclusion et de raisonnement, il est possible de combiner l'objectivité et la logique de la science avec le procédé artistique, on peut aider les apprenants dans le processus d'apprentissage à renforcer la capacité à trouver et à résoudre les problèmes.

1.3 Donner de l'inspiration aux apprenants pour avoir une mode de pensée scientifique

Dans l'apprentissage, le mode de pensée est très important. Selon les caractéristiques psychologiques des apprenants, on peut susciter la réflexion des apprenants en employant la méthode analogique, à travers la conception, la supposition, le raisonnement logique, l'analyse, les apprenants peuvent résoudre le problème et obtenir la conclusion. Dans le processus de l'analogie par association d'idées, on forme la pensée logique abstraite, la pensée dionysiaque et la pensée créative des apprenants. Selon la pratique, en appliquant la méthode analogique dans l'enseignement, il est possible d'augmenter l'effet de l'enseignement et de renforcer efficacement la capacité des apprenants à analyser et résoudre les problèmes, et la valeur la plus importante pour les apprenants est d'obtenir un mode de pensée scientifique, comme l'analogie par association d'idées.

2   L'emploi de la méthode analogique dans l'enseignement

Il existe des types différents d'analogie. Selon différents critères, on peut la diviser en : analogies positives et analogies négative ; analogies qualitatives et analogies relatives ; analogies conceptuelles et analogies structurales ; analogies simples et analogies complexes, etc. Mais comment les employer dans la pratique d'enseignement en classe, c'est le problème central de notre recherche. Selon Shuell, « la tâche de l'enseignant est importante car elle consiste à déterminer quelles tâches d'apprentissage sont les plus appropriées au travail des élèves[1]. » En fait, l'analogie est déjà employée dans les cours scientifiques, ici, nous allons citer quelques exemples dans l'enseignement des sciences, à travers ces exemples, on trouve les ressources et les moyens que l'on a déjà saisis pour développer l'innovation des apprenants et augmenter l'effet de l'enseignement, ils vont nous aider pour la recherche à venir.

2.1   Les sources analogiques variées

Les enseignants utilisent l'analogie comme outil pour construire le lien entre ce qui est familier (un concept analogique) et ce qui est nouveau (un concept cible). L'enseignement avec des modèles analogiques, une méthode proposée par Glynn[2], comprend 6 étapes : 1) introduire le concept cible ; 2) revoir le concept analogique ; 3) identifier les caractéristiques pertinentes de la cible et de l'objet analogique ; 4) mettre en correspondance des similitudes ; 5) indiquer

---

① SHUELL T. J., « Cognitive Psychology and Conceptual Change : Implications for Teaching Science », *Science Education*, Vol. 71, Issue 2, April 1987, p. 245.

② GLYNN S. M., « Conceptual Bridges : Using Analogies to Explain Scientific Concepts », *The Science Teacher*, Vol. 62, Issue 9, December 1995, p. 25.

où et quand l'analogie s'arrête ; 6) proposer des conclusions. Pour pratiquer cette méthode et accomplir ces 6 étapes, il faut avoir les sources analogiques.

2.1.1 Faire l'analogie avec l'expérience de la vie

Les apprenants de tous les âges possèdent déjà certaines expériences de la vie. Il est possible pour les enseignants d'en citer des exemples et de faire l'analogie selon l'âge et l'expérience de la vie des apprenants. C'est un bon moyen pour expliquer les problèmes difficiles, mobiliser l'enthousiasme et renforcer la capacité d'observation et d'analyse des apprenants.

Par exemple, dans un cours de physique, l'enseignant veut expliquer le principe d'Archimède, il fait d'abord l'analogie avec les situations fréquentes de la vie au lieu d'exposer directement le principe, il est possible de susciter la curiosité et la motivation d'apprentissage et de promouvoir la pensée positive.

Le cours commence par une question : « Qu'est-ce qui se passe si je mets un morceau de fer et un morceau de bois dans l'eau ? » Selon leur expérience de la vie, les apprenants répondent : « Le morceau de fer tombe au fond de l'eau, le morceau de bois flotte. » L'enseignant demande la raison et les apprenants expliquent : « Parce que le morceau de bois est léger et le morceau de fer est lourd. » À ce moment, l'enseignant pose une question qui est tout à fait contraire aux connaissances cognitives des apprenants : « Un bâtiment d'un fort tonnage est aussi très lourd, pourquoi flotte-t-il et ne tombe-t-il pas au fond de l'eau ? » À travers une analogie avec une similitude de condition préalable mais deux résultats différents, la curiosité et la motivation des apprenants sont suscitées, l'enseignement s'effectue favorablement.

2.1.2 Faire l'analogie avec les phénomènes naturels

Dans la vie quotidienne, les apprenants ont déjà expérimenté ou connu certains phénomènes naturels, une analogie entre les nouvelles connaissances et les phénomènes naturels peut aider les apprenants à bien comprendre.

Par exemple, dans un cours de physique, l'enseignant veut expliquer les règles de l'optique géométrique, il est possible de faire l'analogie avec des phénomènes comme l'arc en ciel et le mirage. Ces phénomènes reflètent les règles relatives de l'optique géométrique, avec l'aide de l'enseignant, les apprenants font des expérimentations, à travers ces expérimentations, ils peuvent comprendre et saisir les connaissances comme le principe de réfraction des rayons, l'indice de réfraction, la réflexion totale et la dispersion de la lumière.

Les phénomènes naturels sont intéressants pour les apprenants, ils peuvent les attirer et susciter leur intérêt d'apprentissage. L'enseignant peut en profiter pour améliorer l'effet de son enseignement.

2.1.3   Faire l'analogie avec les connaissances déjà saisies

Dans l'enseignement, beaucoup de nouvelles connaissances sont fondées sur la base des connaissances déjà saisies par les apprenants, donc on y trouve des traces des connaissances anciennes et la relation entre les deux. Dans le processus d'enseignement, il faut créer « le meilleur environnement de pensée » pour les apprenants : en faisant l'analogie avec les connaissances anciennes, les apprenants sont plus libres dans le processus d'apprentissage, ils peuvent imaginer le contenu et la structure des nouvelles connaissances ainsi que le moyen et la pensée de recherche. Avec l'analogie, on suscite la motivation et l'enthousiasme d'apprentissage des élèves.

Dans un cours de géométrie, l'enseignant présente une nouvelle figure géométrique : la sphère et sa nature, il commence par rappeler aux apprenants la définition du cercle, avec l'analogie, les apprenants peuvent construire leurs nouvelles connaissances. En faisant la comparaison et en trouvant la relation entre ces deux figures géométriques, il est possible pour les apprenants de raisonner sur la définition de la sphère elle-même. Après, ils font la comparaison entre ces deux définitions pour trouver la différence et la relation entre le cercle et la sphère, cette analogie va faciliter leur apprentissage dans le futur sur la nature de la sphère, parce qu'ils auront déjà employé l'analogie pour apprendre la définition de la sphère. Cette expérience et les connaissances anciennes ont une influence positive sur l'apprentissage.

À travers l'analogie, les apprenants peuvent saisir le contenu d'apprentissage dans le cours, retenir l'essence du problème et recréer de nouvelles connaissances. Avec la méthode d'enseignement par analogie, l'enthousiasme des apprenants est suscité, ils ont le courage d'imaginer, de découvrir et de prouver, ils ont un souvenir plus exact des connaissances qu'ils ont apprises avec la méthode analogique.

2.2 Les méthodes analogiques variées

Il existe des types différents d'analogies en fonction de différents critères, comme les analogies positives et les analogies négatives, les analogies qualitatives et les analogies relatives, les analogies conceptuelles et les analogies structurales, les analogies simples et les analogies complexes, etc. On peut choisir la méthode selon le contenu de l'enseignement et le niveau des apprenants, ici, on cite quelques exemples.

2.2.1 Faire l'analogie par les similitudes

Selon la recherche de ces dernières années, les enseignants ont beaucoup discuté de leur utilisation des analogies pendant les cours. Beaucoup d'enseignants ont déclaré que l'analogie la plus populaire est celle qui est établie entre un circuit aquatique et un circuit électrique.

Ils ont proposé aussi d'autres analogies utilisées en cours, par exemple :

une molécule d'ADN est comme une échelle ;

une cellule est comme une usine ;

un cœur est comme une pompede vigueur.

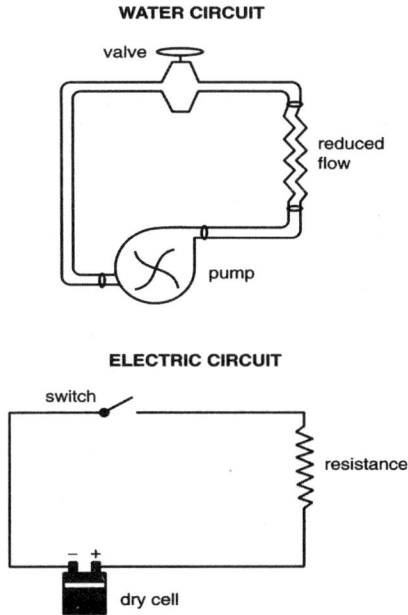

Figure 1　Analogie entre un circuit aquatique et un circuit électrique

La photosynthèse est comme la cuisson du pain. (Toutes les deux constituent des processus de production de la nourriture au cours desquels les ingrédients sont combinés et transformés par l'énergie.)

Dans le processus d'enseignement, on trouve la similitude entre la source et la cible dans l'analogie, on emploie cette similitude pour faciliter l'enseignement de nouvelles connaissances.

2.2.2　Faire l'analogie parun lien causal

L'enseignement par analogie peut aussi permettre d'expliquer un lien causal qui sert à faire l'analogie entre les notions mais aussi de comprendre le système dans lequel s'inscrivent ces notions. Par exemple, on explique la nature du son et de la lumière de manière analogique.

Lien causal	La nature du son	La nature de la lumière
Loi de réflexion Loi de réfraction	Écho	Réflexion
	Sonorité	Luminosité
	Hauteur du son	Couleur
	L'Air comme milieu de propagation	L'Éther comme milieu de propagation

Tableau 1   Analogie entre la nature du son et celle de la lumière

Pour faire ce genre d'analogie, il existe deux contraintes. Premièrement, les natures dans les colonnes correspondantes doivent être analogues. Deuxièmement, il existe un lien causal entre les natures dans les colonnes correspondantes. Ces liens causaux comprennent la loi de réflexion, la loi de réfraction, le changement de l'intensité avec le changement de la distance, etc.

L'analogie peut se développer sur un plan, elle peut aussi être faite sur de différents côtés, il faut bien expliciter la part d'incomparable entre les objets analogiques, avec cette explication, les apprenants peuvent avoir une compréhension plus approfondie, et leur fil de pensée se développe.

3   Quelques remarques sur l'emploi de la méthode d'enseignement par analogie

L'enseignement par analogie est une méthode d'enseignement très efficace, mais le raisonnement par analogie est un raisonnement probabiliste, sa conclusion est donc souvent aléatoire, et pas toujours scientifique. Une caractéristique des résultats de recherche sur l'utilisation pédagogique des analogies est, malheureusement, le manque de cohérence de l'efficacité des analogies : parfois, l'analogie peut améliorer l'apprentissage, mais quelquefois non. Cette incohérence est due à la faiblesse des définitions opérationnelles des analogies, à des constructions d'analogies qui n'ont pas réussi à mettre en correspondance systématiquement les caractéristiques des objets analogues, et à des analogies qui ont largement ignoré le rôle important joué par la figuration visuelle dans le processus d'apprentissage.

Les analogies pédagogiques sont parfois limitées à des affirmations simples comme « une cellule est comme une usine », sans explication supplémentaire. Ces affirmations, ou des analogies simples, ne fournissent pas l'aide dont de nombreux apprenants ont besoin, surtout à l'étape initiale de l'apprentissage d'une conception scientifique.

Par conséquent, si l'analogie n'est pas correctement utilisée, des erreurs sur la conception peuvent être commises, elles peuvent aussi rendre par la suite l'enseignement plus difficile. Ici, nous proposons donc quelques remarques sur l'emploi de la méthode d'enseignement par analogie.

Tout d'abord, l'enseignant doit choisir et utiliser une analogie convenable, il ne faut pas se limiter à la similitude superficielle et inventer le sens en lisant les mots, sinon, il est possible de conduire à une prévision ou une conclusion fausse. Ensuite, il faut tenir compte de l'âge des apprenants dans le processus d'emploi de l'analogie. Le raisonnement par analogie est une capacité abstraite, pour les apprenants très jeunes ou qui n'ont pas d'expérience, ce processus complexe présente de nombreuses difficultés. Il est très difficile pour eux de distinguer la partie relative dans l'analogie de celle qui n'a pas de relation avec le raisonnement analogique et de comprendre la relation dans l'analogie. Par conséquent, l'enseignant doit choisir des objets analogiques que les apprenants connaissent et comprennent, l'analogie doit correspondre à l'âge et à la vie quotidienne des apprenants. Enfin, l'analogie est une méthode mais pas un but, elle est utilisée comme un passage dans le processus d'inspiration et de cognition. Dans l'emploi, si l'on insiste trop sur la relation entre la source et la notion cible, on risque de limiter la capacité des apprenants à développer une conception plus précise. Il faut donc utiliser mesurément l'analogie, et ne pas compter aléatoirement sur cette méthode.

Dans la recherche scientifique, les savants emploient consciemment l'analogie, mais l'emploi de l'analogie linguistique dans la communication humaine peut être conscient ou inconscient. Dans certains cas, on ne peut pas réfléchir avec tranquillité, donc on parle avec les analogies inconscientes, mais pour faire une analogie convenable et habile, il faut bien réfléchir, et dans ce cas, l'analogie est consciente.

Pour réaliser une analogie, il faut relier au moins deux notions ou deux exemples, quand on ne peut pas bien comprendre les similitudes de la nature de ces deux exemples, on obtient une analogie fautive. Dans le domaine scientifique, l'analogie fautive doit être corrigée partiellement ou abandonnée complètement, mais dans le domaine linguistique, ce n'est pas la même chose. Si l'analogie fautive peut être répandue oralement ou littéralement et reçue par les locuteurs et si elle devient une convention, cette analogie fautive constitue alors un phénomène linguistique normal et ajoute à la langue un nouveau contenu. Par conséquent, l'analogie est un moyen important du développement et de l'innovation de la langue, même une analogie fautive peut y contribuer.

Quand on parle d'un nouvel objet ou d'une nouvelle notion, la façon de s'exprimer est basée sur celleque l'on utilise pour parler des objets ou des notions existantes, on fait un raisonnement analogique pour créer une nouvelle façon de parler d'un nouvel objet, donc l'analogie est aussi un moyen important pour utiliser la langue.

1   L'analogie et la création du lexique

L'emploi de l'analogie dans la création du lexique se manifeste dans la structure et la forme des mots. Toutes les langues ont leurs moyens différents pour créer des mots, pour n'importe quelle langue, il existe des mots dont on ne peut pas expliquer le moyen de création, quant à ceux dont on peut expliquer le moyen de création, celui-ci est souvent analogique.

Tout d'abord, on prend les caractères chinois comme exemple. Dans l'histoire de la langue chinoise, sous les dynasties des Han, Xu Shen（许慎）a généralisé le principe de la création des caractères chinois dans《说文解字》, selon lui, les caractères chinois peuvent être divisés en 6 genres selon le moyen de création, que l'on appelle aussi 6 *Shu* (6 méthodes) :《象形》idéogrammes (qui sont dérivés d'une image) ;《指事》auto-explicatifs (qui indiquent une idée) ;《会意》idéogrammes combinés (qui combinent la signification des éléments existants) ;《形声》pictural-phonétiques (qui sont créés d'un radical et une partie phonétique) ;《转注》transferts (qui ont des significations influencées par d'autres termes) ;《假借》caractères de prêt (qui sont créés par l'association phonétique). On peut trouver l'influence et la fonction de l'analogie chez toutes ces six méthodes. La méthode la plus simple pour créer un caractère chinois, c'est d'ajouter une partie servant de radical à un caractère déjà existant qui sert de partie phonétique, le radical est le signe d'un genre d'objets. Avec cette méthode et l'analogie, il est possible de lire des caractères que l'on ne connaissait pas et de comprendre ce que ces caractères signifient.

Par exemple, avec le radical 鱼 (poisson) et le caractère simple 里 (intérieur) qui sert de partie phonétique (lǐ), on crée un caractère 鲤 (carpe) qui représente un poisson. En utilisant l'équation de Hermann Paul[1], on a une analogie : 里 : 鲤 : : 即 : X, et X = 鲫 (le carassin), qui est aussi un poisson.

Cette analogie peut aussi être employée dans la création du lexique des langues indo-européennes. Quand on crée un nouveau mot par analogie, il faut d'abord se référer à un prototype linguistique qui existe depuis longtemps et qui est figé. Ici, on prend le mot anglais « telescope » comme exemple. Le télescope n'est pas inventé en Angleterre, son invention est très probablement due à l'opticien italien Giambattista della Porta, donc ce mot « telescope » vient certainement des autres pays. La première apparition de ce mot en Angleterre a lieu en 1648, il est composé de deux radicaux grecs : « tele » (à distance) et « skopein » (regarder). Comme c'est le premier mot qui comprend ces deux radicaux, il devient le prototype linguistique de deux sortes de mots, la première sorte de mots comprend le radical « tele » comme *telegraph*, *telephone*, *telepathy*, *telephotograph*, *television*, etc., la deuxième sorte de mots comprend le radical « scope » comme *microscope*, *kaleidoscope*, *gyroscope*, *periscope*, etc.

À travers ces deux sortes de mots, on peut aussi comprendre l'équation analogique de Hermann Paul :

Pour créer les mots de la première sorte (avec le radical « tele »)

scope : telescope : : graph : X

X = telegraphe.

Pour créer les mots de la deuxième sorte (avec le radical « scope »)

tele : telescope : : micro : X

X = microscope.

---

[1] Hermann Otto Theodor Paul était un linguiste allemand, professeur de langue et de littérature allemande à Fribourg et à Munich, il fut une des figures centrales du mouvement néogrammairien. Le principal ouvrage de Paul est *Principes de l'Histoire des langues* (*Prinzipien der Sprachgeschichte*).

On trouve une créativité dans la formation des mots à travers l'analogie, et pour créer les nouveaux mots, il faut absolument une grande créativité et aussi la méthode analogique.

En français, on a aussi des nouveaux mots qui sont créés à travers l'analogie. On a le mot « bikini », c'est un petit maillot de bain féminin à deux pièces ; quand on veut présenter un petit maillot de bain féminin à une pièce, on doit créer un nouveau mot, pour cela, on peut aussi faire l'analogie avec l'équation :

bi : bikini : : mono : X

X = monokini.

Enfin, en chinois, on ne crée pas de nouveaux caractères, mais avec les caractères existants, on peut composer de nouveaux termes ou de nouvelles expressions. Par exemple, avec le mot « 民 » (peuple), on peut créer de nouveaux termes qui apparaissent depuis une dizaine d'années :

农 (agriculture) : 农民 (paysan) : : 网 (internet) : X

X = 网民 (internaute).

Le nouveau mot « 网民 » n'existe en mandarin qu'après la popularisation d'Internet en Chine, mais le mot « 农民 » existe depuis longtemps, ce mot signifie les gens qui travaillent dans l'agriculture, avec la même structure et en faisant l'analogie, on a un nouveau mot « 网民 » qui signifie les gens qui surfent toujours sur l'Internet.

Avec les exemples de ces trois langues, on constate que l'analogie joue un rôle important dans le développement des langues. Comme l'analogie est une activité cérébrale qui nécessite une grande créativité, la création des mots par analogie n'est pas seulement une imitation mécanique mais un résultat créateur.

2　L'analogie fautive

Selon Vaugelas, « notre langue n'est fondée que sur le seul usage, ou déjà reconnu, ou que l'on peut reconnaître par les choses qui sont connues, et qu'on appelle analogie[①]. » L'analogie a une influence importante sur l'évolution des langues, pour réaliser une analogie, il faut trouver des ressemblances entre les objets, il est donc obligatoire d'avoir des expériences de vie et des connaissances suffisantes pour faire une analogie correcte, sans cela, l'analogie sera fautive.

Un linguiste américain, Edgar Sturtevant a raconté une histoire dans son livre[②] : un de ses fils, quand il était petit, a régulièrement souffert d'une infection de l'oreille dont le traitement standard était l'irrigation avec de l'eau chaude. Chaque fois qu'il a reçu ce traitement, il a rapporté l'expérience avec les mots : « *I've been irrigated.* » Une fois, il a subi des douleurs nasales, et de l'eau chaude a été versée dans son nez. Cette fois, l'enfant a rapporté son expérience avec les mots : « *I've been nosigated.* » Évidemment l'enfant a cru que le mot « *irrigated* » contenait le mot « *ear* », et il a donc créé un nouveau mot en faisant l'analogie :

ear : irrigated : : nose : X

X = nosigated

On trouve souvent des analogies fautives chez les apprenants débutants du français. Après un cours sur le passé composé, le professeur a demandé aux

---

①　DE VAUGELAS C. F., *Remarques sur la langue française*, Paris : Libr. E. Droz, 1945.

②　STURTEVANT E., *An Introduction to Linguistic Science*, New Haven : Yale University Press, 1947, p. 97.

élèves de raconter ce qu'ils ont fait la veille. Nous avons lu les phrases ci-dessous :

Hier matin, je me suis levé à 7h quand j'ai entendu le réveil. [...] J'ai prendu un café et un sandwich avec mon amie.

Après les cours, j'ai dit au revoir à mon professeur et aux camarades. [...] J'ai lit un roman intéressant.

Dans ces deux phrases, on trouve 2 fautes de conjugaisons, le participe passé de « prendre » est « pris », celui de « lire » est « lu », les élèves font ces erreurs parce qu'ils produisent une analogie fautive :

entendre : entendu : : prendre : X

X = prendu.

dire : dit : : lire : X

X = lit.

Avec ces deux exemples, une analogie fautive est provoquée par le manque de connaissance sur la langue, il faut donc éviter une analogie fautive quand on parle ou apprend une langue. Mais peut-on dire qu'une analogie fautive est un obstacle dans l'apprentissage d'une langue et qu'elle nuit au développement des langues ? Selon nous, la réponse est non.

En 1976, Richard Dawkins, biologiste et éthologiste britannique, a introduit le terme « *meme* » (en français « mème ») dans son livre intitulé *The Selfish Gene* (en français : *Le Gène égoïste*). « Un mème est un élément culturel reconnaissable répliqué et transmis par l'imitation du comportement d'un individu par d'autres individus.[1] » Selon la théorie du mème, il est possible de créer de nouveaux mots en utilisant l'analogie, même fautive. Pour la

---

[1]　http://fr.wikipedia.org/wiki/M%C3%A8me.

création de certains mots par une analogie fautive, mais qui apparaissent en séries, on a un grand nombre de mots de la même famille. Par exemple, le mot 《 *alcoholic* 》 est un adjectif qui est composé du nom 《 *alcohol* 》 et du suffixe 《 *ic* 》, mais avec une segmentation fausse 《 *alcoholic* 》 = 《 *alco* 》 + 《 *holic* 》, la partie 《 *holic* 》 porte le sens de l'enthousiaste, on a donc créé par analogie les mots comme : *workaholic, beeroholic, teleholic, movieholic, computerholic, spendaholic, clothesaholic, creditaholic, bookaholic, shopaholic, writaholic, milkaholic, colaholic, twitterholic, clickaholic*, etc., le suffixe 《 *holic* 》 devient un élément formant important. Le mot 《 *alcoholic* 》 est un exemple typique pour expliquer que le phénomène linguistique de l'analogie fautive peut devenir une règle de construction de mots consacrée par l'usage. Donc nous pouvons dire que l'analogie fautive peut aussi avoir une influence positive sur l'évolution des langues.

Quant à l'apprentissage des langues étrangères, on constate qu'il est nécessaire d'y éviter l'analogie fautive, parce que l'on doit apprendre les connaissances linguistiques et l'emploi des langues qui sont déjà standards et que l'on ne peut pas les changer. Mais selon nous, l'analogie fautive peut servir d'outil pour les enseignants, quand les élèves commettent des fautes comme 《 j'ai prendu un café 》 ou 《 j'ai lit un livre 》, les enseignants doivent comprendre pourquoi les élèves produisent de telles phrases et trouver les moyens pour aider les élèves à utiliser l'analogie et la conjugaison correctement. Dans la suite de notre travail, nous allons citer les fautes que les élèves ont commises dans l'apprentissage du français pour analyser la raison de l'analogie fautive et trouver les moyens pour aider les élèves à éviter une analogie fautive dans leur apprentissage.

3 L'analogie dans les langues

Selon les recherches, on trouve que l'analogie a une influence importante sur la création et l'évolution d'une langue, et quand on apprend une langue, l'analogie correcte joue aussi un rôle positif dans l'apprentissage, il est donc possible de relier deux ou plusieurs langues par l'analogie.

Selon P. Monneret, dans son livre *Essais de linguistique analogique*, il existe des « indices analogique des langues[①] » qui « comportent au moins trois paramètres, correspondant aux aspects lexicaux, morphologique et syntaxique[②] », pour mesurer le degré de l'analogie entre les langues et entre les usages des langues. En faisant l'analyse analogique ou même contrastive des langues données, il a décrit le degré d'analogie de chaque paramètre comme une échelle composée de 5 niveaux :

Niveau 1 : degré d'analogie très faible ;

Niveau 2 : degré d'analogie faible ;

Niveau 3 : degré d'analogie moyen ;

Niveau 4 : degré d'analogie fort ;

Niveau 5 : degré d'analogie très fort.[③]

Avec le degré d'analogie de niveau plus élevé, il sera plus facile pour les apprenants de comprendre les principes qui gouvernent la structure et l'emploi d'une langue. D'après nous, quand on veut, dans l'enseignement, utiliser l'analogie entre une langue étrangère et une langue de référence, il faut choisir une langue ayant un degré d'analogie supérieur à niveau 3.

Dans nos recherches sur l'enseignement du français en Chine, nous avons choisi le chinois et l'anglais comme langues de référence, parce que le chinois est la langue maternelle des apprenants, et que l'anglais est très vulgarisateur en Chine, ce sont deux langues que les locuteurs ont déjà acquises. Quant au degré d'analogie, il faut prendre différents paramètres en considération. Dans nos études, l'indice analogique des langues comportera les paramètres correspondant aux aspects phonétique, lexical,

---

① MONNERET P., *Essais de linguistique analogique*, Dijon : ABELL, 2004, p. 32.

② *Ibid*, p. 34.

③ *Ibid*, p. 35.

morphologique, syntaxique et sémantique.

Il existe beaucoup de recherches sur l'analogie entre le français et l'anglais, parce que ce sont deux langues qui appartiennent à des branches de l'indo-européen, le français appartient à la famille des langues romanes, et l'anglais à celle des langues germaniques. En raison de la conquête normande au 11e siècle, le français a une influence très importante sur le développement et l'évolution de la langue anglaise : cette influence a duré à peu près 200 ans, on trouve donc beaucoup de ressemblances qui produisent probablement un degré d'analogie fort ou très fort, surtout sur le plan lexical.

Quant au chinois qui est loin des langues indo-européennes, on constate que l'intercompréhension entre le chinois et le français est impossible pour les locuteurs. Mais dans le processus d'apprentissage, on trouve toujours des ressemblances entre le chinois et le français, parce que la culture chinoise et la culture française qui sont cachées dans les langues ont des points communs qui produisent probablement un degré d'analogie fort ou très fort, surtout sur les plans syntaxique et sémantique.

Maintenant en Chine, l'enseignement fondamental du français est composé de trois parties : la phonétique, le lexique et la syntaxe. Pour les apprenants intermédiaires, on propose des cours sur la sémantique et la pragmatique de la langue française. Dans la suite de notre étude, nous allons nous intéresser à l'analogie entre le chinois, le français et l'anglais pour trouver et utiliser une analogie de degré fort ou très fort grâce à laquelle on pourra aider les apprenants dans leur apprentissage.

DEUXIÈME PARTIE

L'APPLICATION DE L'ANALOGIE DANS L'ENSEIGNEMENT DU FRANÇAIS POUR LES APPRENANTS DE NIVEAU DÉBUTANT — L'ENSEIGNEMENT DE LA GRAMMAIRE

L'enseignement du français pour les apprenants de niveau débutant se focalise sur la compétence linguistique, le but de l'enseignement et de l'apprentissage est de parler cette langue correctement, et pour ce faire, il faut respecter les règles de fonctionnement et d'utilisation de cette langue, c'est-à-dire la grammaire. Mais en fait, en français, le mot « grammaire » est assez ambigu :

Dans *Le Bon Usage*, la grammaire est le synonyme du mot « linguistique » qui est définie comme « l'étude systématique des éléments constitutifs et du fonctionnement[①] », on a aussi indiqué dans ce livre que « le mot grammaire est parfois pris dans un sens plus restreint, comme recouvrant la morphologie et la syntaxe, ce qu'on désigne souvent aujourd'hui par morphosyntaxe. [②] »

Cette définition est la plus acceptée par les enseignants et les apprenants mais demeure relativement restreinte, puisque selon celle-ci, la grammaire comprend seulement les règles de l'expression écrite.

Selon Besse et Porquier, le mot « grammaire » peut être le parasynonyme de langue et « désigne une entité à la fois psycho-génétique et psycho-sociale dont on postule l'existence au cœur des pratiques langagières propres à une communauté donnée.[③] »

Cette définition donne au mot « grammaire » un sens plus large, elle comprendrait tout ce qui concerne la langue et les actions pour parler une langue.

Dans le *Dictionnaire de didactique des langues*, on trouve six définitions du mot « grammaire », variant selon les contextes :

1) Description du fonctionnement général d'une langue naturelle.

---

① GREVISSE M., GOOSSE A., *Le Bon Usage*, 15e éditions, Grammaire française, Bruxelles : De Boeck Université, 2011, p 13.

② *Ibid.*

③ BESSE H., PORQUIER R., *Grammaire et didactique des langues*, Paris : Hatier/Didier, 1991, p. 10.

2) Description de la morphologie et de la syntaxe d'une langue naturelle.

3) Discipline étudiant les règles de fonctionnement ou d'évolution de toute langue naturelle.

4) Ensemble de prescriptions normatives régissant certaines zones et certains détails de l'usage linguistique, et jouant un rôle de discrimination sociolinguistique.

5) Système formel construit par le linguiste pour établir un mécanisme susceptible de produire des phrases considérées comme grammaticales par les locuteurs d'une langue.

6) Système intériorisé par le locuteur-auditeur d'une langue et lui permettant de produire et de comprendre les phrases de cette langue.[1]

Nous pouvons conclure de ces définitions que l'on peut synthétiser le sens de la grammaire avec trois termes : la prescription, la description et le système. Selon cette opinion, la grammaire comprend l'ensemble des règles auxquelles on doit obéir pour parler une langue correctement et que l'on utilise pour illustrer une langue.

Malgré la polysémie de ce mot « grammaire », une chose dont on est sûr est l'importance de la grammaire dans l'enseignement d'une langue étrangère.

Selon J.-P. Cuq, la grammaire est :

1) Le résultat de l'activité heuristique qui permet à l'apprenant de se construire une représentation métalinguistique organisée de la langue qu'il étudie.

2) Le guidage par l'enseignant de cette activité en fonction de la représentation métalinguistique organisée qu'il se fait de la langue qu'il enseigne.[2]

---

[1]   COSTE D., GALISSON R., *Dictionnaire de didactique des langues*, Paris : Hachette, 1976, pp. 253 – 256.

[2]   CUQ J.-P., *Une introduction à la didactique de la grammaire en français langue étrangère*, Paris : Didier/Hatier, 1996, p. 41.

Cette définition a le mérite de placer la grammaire au plus près de ses fonctions pour les enseignants et pour les apprenants. L'enseignement et l'apprentissage des langues étrangères se sont toujours donnés pour objectif non pas simplement d'enseigner et d'apprendre à communiquer avec des étrangers, mais aussi et surtout d'enseigner et d'apprendre à « parler comme on parle », selon une formule répandue chez les didacticiens français du 18e siècle.

Dans la deuxième partie de nos recherches, nous allons tout d'abord étudier l'application de l'analogie dans l'enseignement de la grammaire. Comme nous avons expliqué que la grammaire possède de nombreux sens, ici, dans nos recherches, le mot « grammaire » renverra à la grammaire descriptive qui comporte les études sur les sons et la prononciation, c'est-à-dire la phonétique et la phonologie, les études sur les mots, c'est-à-dire la morphologie, et les études sur les phrases et les propositions, c'est-à-dire la syntaxe. Par conséquent, cette partie est composée de trois chapitres : l'application de l'analogie dans l'enseignement de la prononciation, dans l'enseignement du vocabulaire et dans l'enseignement de la structure syntaxique.

Chapitre 4

Enseigner la prononciation par analogie

L'enseignement des langues étrangères est un domaine dans lequel la prononciation joue un rôle très important. Si les apprenants veulent apprendre à bien prononcer une langue étrangère, ils doivent acquérir la maîtrise des règles articulatoires et s'habituer à articuler les sons des langues étrangères. En linguistique, les recherches sur la prononciation ou les sons du langage comprennent deux parties : la phonétique et la phonologie.

La phonétique est l'enveloppe matérielle essentielle et le moyen d'expression de la langue, elle a pour objet « l'étude scientifique des sons de la parole[1] », « elle étudie les sons en eux-mêmes, dans leur matérialité, du point de vue de leur émission et de leur réception, en prenant en compte toutes leurs propriétés physiques[2]. » Pour connaître amplement la nature d'une langue, il faut tout d'abord connaître les caractéristiques phonétiques de cette langue.

Comme la phonétique, la phonologie a aussi pour objet les sons du langage, mais contrairement à la phonétique, la phonologie ne s'intéresse pas à leur matérialité, « elle étudie du point de vue de leur fonction distinctive dans le système de la langue[3] », et aussi « les objets sonores et leurs comportements en tant qu'ils ont les pièces d'une structure sonore organisée, représentés par une langue donnée, dont le locuteur-auditeur doit avoir une connaissance interne

---

[1] VAISSIÈRE J., *La Phonétique*, Paris : Presses Universitaires de France, 2011, p. 3.

[2] NEVEU F., *Lexique des notions linguistiques*, Paris : A. Colin, 2005, p. 81.

[3] *Ibid.*, p. 83.

pour pouvoir communiquer[①]. 》

《 La distinction entre phonologie et phonétique repose sur une dichotomie fondatrice de la linguistique moderne, due à Saussure, opposant forme et substance.[②] 》 Les recherches sur la phonétique et la phonologie se complètent mutuellement, 《 et sans l'analyse physique et physiologique de tous les faits de prononciation, le linguiste ignorerait la nature concrète des oppositions établies. Les deux genres d'études sont interdépendants et se complètent.[③] 》 Les différentes fonctions d'expression des sons se réalisent en s'appuyant sur leur matérialité, par conséquent, notre recherche intègrera aussi ces deux parties dans l'enseignement. Si l'on veut enseigner la prononciation d'une langue par analogie, il faut bien étudier les ressemblances ainsi que les différences entre la langue enseignée et les langues de référence, et comparer les caractéristiques phonétiques et phonologiques des langues différentes.

1 La classification de la phonétique

Dans les recherches linguistiques, on comprend la phonétique comme la substance dans laquelle la forme d'expression est réalisée. Selon Brosnahan et Malmberg[④], le processus d'expression comprend 5 étapes :

Étape 1 : l'innervation d'articulation, le cerveau transmet les signes qu'on veut exprimer par un réseau nerveux aux organes vocaux.

Étape 2 : l'articulation, des mouvements des muscles et des organes vocaux

---

① DE CARVALHO J. B., NGUYEN N., WAUQUIER S., *Comprendre la phonologie*, Paris : Presses Universitaires de France, 2010, p. 22.

② *Ibid.*, p. 23.

③ MALMBERG B., *La Phonétique*, Paris : Presses Universitaires de France, 1973, p. 110.

④ BROSNAHAN L. F., MALMBERG B., *Introduction to Phonetics*, Cambridge : W. Heffer & Sons Ltd., 1970, pp. 4 – 5.

aboutissent à la production d'un son audible.

Étape 3 : la transmission, les ondes sonores se diffusent à travers l'air.

Étape 4 : la perception, le processus de troisième étape se déroule dans l'oreille et les organes auditifs, ce qui produit la réaction auditive.

Étape 5 : l'innervation deperception, l'oreille et les organes auditifs transforment les ondes sonores en signes nerveux et les transmettent au cerveau par un réseau nerveux.

L'étape 1 et l'étape 5 se déroulent entièrement dans le cerveau de l'être humain, il est difficile de les analyser, par conséquent, tous les études sur la phonétique mettent l'accent sur les étapes 2, 3 et 4. Selon ces 3 étapes, nous pouvons distinguer trois branches de la phonétique.

1.1   La phonétique articulatoire

Les recherches sur les caractéristiques phonétiques dans le processus d'articulation constituent la phonétique articulatoire qui « décrit la production des sons du langage dans l'appareil phonatoire humain[1]. ».

L'articulation est le résultat d'une série de mouvements des organes vocaux et des muscles, par conséquent, on peut préciser les caractéristiques phonétiques à travers la description de l'apparence des organes vocaux dans le processus de l'articulation, ces caractéristiques phonétiques sont plutôt physiologiques.

Du point de vue articulatoire, les phonèmes sont classés selon leurs modes et lieux d'articulation. Par exemple, pour la classification des voyelles, on a des voyelles orales, des voyelles nasales, des voyelles non arrondies et des voyelles arrondies :

---

[1]   MALMBERG B., *Manuel de phonétique générale : Introduction à l'analyse scientifique de l'expression du langage*, Paris : éditions A & J Picard, 1974, p. 8.

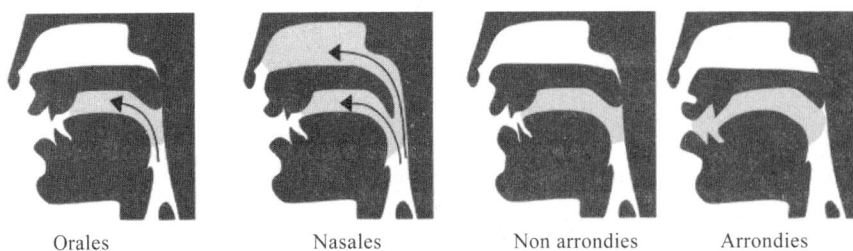

Orales   Nasales   Non arrondies   Arrondies

Figure 2   Classification des voyelles[1]

1.2   La phonétique acoustique

Les recherches sur les caractéristiques phonétiques dans le processus de transmission constituent la phonétique acoustique « qui analyse les sons comme vibrations de l'air, à savoir comme phénomènes physiques[2] ».

Une fois les sons produits, ils deviennent des ondes acoustiques, on peut analyser et étudier les caractéristiques physiques de la phonétique, comme la fréquence, l'amplitude de la vibration, la hauteur de son, le timbre, etc. Ces caractéristiques appartiennent à la nature physique de la phonétique, et parmi ces caractéristiques, le timbre joue un rôle important pour la distinction des phonèmes dans la phonétique. Par exemple, dans les ondes sonores, quand il existe une relation de proportion euploïde entre la fréquence fondamentale et la fréquence harmonique, l'onde est régulière, on a des sons musicaux dont les voyelles font partie. Au contraire, s'il n'existe pas une relation de proportion euploïde entre la fréquence fondamentale et la fréquence harmonique, l'onde est irrégulière, on obtient des sons apériodiques, que l'on appelle aussi et plus couramment des bruits, auxquels appartiennent les consonnes, et plus précisément, les consonnes sourdes-les consonnes sonores étant des sons musicaux qui possèdent des caractéristiques du bruit.

---

①   http://fr.wikipedia.org/wiki/Voyelle.

②   MALMBERG B., *Manuel de phonétique générale : Introduction à l'analyse scientifique de l'expression du langage*, *op. cit.*, p. 8.

1.3   La phonétique auditive

Les recherches sur les caractéristiques phonétiques dans le processus de perception constituent la phonétique auditive « qui décrit les possibilités de l'oreille humaine et la réaction de l'homme aux stimuli acoustiques utilisés dans la langue[①] ».

La phonétique auditive est aussi une branche de la phonétique, qui se concentre sur la façon dont l'oreille perçoit les sons. Quand les ondes sonores arrivent jusqu'à l'oreille humaine, l'appareil auditif les transforme en décodages des sons, ainsi se produit la réaction auditive de l'être humain. Par conséquent, les notions comme « le son musical », « le bruit » et la distinction des consonnes sourdes et des consonnes sonores sont les caractéristiques auditives de la phonétique. Mais le problème des recherches sur la phonétique auditive est que l'appareil auditif humain est complexe, et que l'on n'a pas le moyen de noter les influences des différents sons sur l'appareil auditif. Dans nos recherches, nous mettrons donc l'accent sur la phonétique articulatoire et la phonétique acoustique.

En utilisant les moyens de recherche dont on a parlé plus haut, on peut faire l'analogie entre les phonèmes des langues, et analyser leurs caractéristiques articulatoires et acoustiques.

Dans les recherches phonétiques, il faut aussi prendre en compte des phénomè nes phonétiques comme l'accentuation, l'allongement, le chuchotement, l'intonation, la liaison, l'assimilation, la dissimilation dans le passage des phonèmes qui sont très importants et difficiles à apprendre pour les apprenants.

53

---

① MALMBERG B., *Manuel de phonétique générale : Introduction à l'analyse scientifique de l'expression du langage*, op. cit., p. 8.

2 Les modes théoriques de la phonologie

Dans les recherches phonologiques, l'unité d'analyse est aussi le phonème : 《 Le phonème est la plus petite unité fonctionnelle d'un système phonologique. La fonction des phonèmes dans une langue est d'établir des oppositions entre les mots de son lexique.[1] 》 Contrairement à la phonétique qui traite le son du langage comme phénomène physique, l'unité d'analyse est le phénomène linguistique. Pour les recherches sur la phonologie, il existe 3 modes théoriques : le mode phonémique, le mode d'analyse prosodique et le mode de la phonologie générative.

2.1 Le mode phonémique

Si l'on fait l'analyse des phonèmes en discours, on trouve entre eux des différences. On ne peut pas prononcer deux fois de suite un phonème exactement de la même façon. 《 L'entourage du son diffère d'un cas à l'autre. L'accentuation, la vitesse du débit, le registre et les qualités de la voix varient d'une occasion à l'autre et d'individu à individu. Il y a entre les individus des différences de prononciation qui s'expliquent par des différences anatomiques ou par des habitudes individuelles.[2] 》

Dans le mode phonémique, le phonème est une unité abstraite, et il existe certains traits distinctifs qui peuvent distinguer les phonèmes de la langue en question. Pour déterminer la prononciation d'une langue, on emploie un certain nombre de phonèmes qui composent le système phonologique de la langue, par exemple, il y a 36 phonèmes dans le système phonologique du

---

① VAISSIÈRE J., *La Phonétique*, *op. cit.*, p. 9.

② MALMBERG B., *La Phonétique*, *op. cit.*, p. 103.

français (si l'on inclut le « *a* » qui est maintenant remplacé par le « a »), il y a 48 phonèmes dans le système phonologique de l'anglais, et dans le système phonologique du mandarin chinois, on a 32 phonèmes. Par conséquent, les recherches sur les phonèmes et le système phonologique se font par rapport à une langue concrète.

On peut préciser les phonèmes selon la situation de répartition et d'opposition des sons dans la langue. Le phonème peut être traité comme le représentant abstrait d'un groupe de sons relatifs que l'on appelle « l'allophone ». Dans le livre d'Ostiguy, Sarrasin et Irons, on trouve une métaphore intéressante pour expliquer le phénomène de « l'allophone » :

« On demandait à un tout jeune enfant qui observait le ciel depuis quelques jours combien, selon lui, il pouvait y avoir de lunes dans le ciel. Il répondit qu'il y avait autant de lunes qu'il avait pu observer de formes différentes sous lesquelles cet astre nous apparaît. Nous, adultes, savons évidemment que la forme de la lune dépend de sa position par rapport à la terre et au soleil, mais tous adultes que nous soyons, notre perception intuitive des faits de langue évoque souvent celle de ce jeune enfant.[1] »

Quand on parle des phonèmes en français, le même phonème /p/ peut présenter une grande difficulté pour les débutants. Dans le mot « tape », on a un /p/ avec aspiration, mais dans le mot « pas », on a un /p/ sans aspiration : les apprenants chinois ont toujours du mal à distinguer le /p/ sans aspiration et le /b/. Par conséquent, dans le système français, il existe deux consonnes /p/ — pour les distinguer, on les note /pʰ/ et /p/ — qui sont les allophones du phonème /p/ et non deux phonèmes indépendants.

Dans le système phonologique de l'anglais, le cas est plus complexe. Par exemple, pour le même phonème /p/, dans le mot « *pink* », on a un /p/ avec aspiration, dans le mot « *spa* », on a un /p/ sans aspiration, dans le mot « *jeep* », on a un /p/ sans

---

① OSTIGUY L., SARRASIN R., IRONS G. H., *Introduction à la phonétique comparée : Les sons, Le français et l'anglais nord-américain*, Québec : Les Presses de l'Université Laval, 1996, p. 29.

relâchement de l'accolement des lèvres. Par conséquent, dans le système anglais, il y a trois consonnes /p/ — pour les distinguer, on les note /pʰ/, /p/ et /pº/ — qui sont les allophones du phonème /p/ et non trois phonèmes indépendants.

Quant au mandarin chinois, l'aspiration est une caractéristique très importante dans le système phonologique, parce que le /pʰ/ est le phonème /p/ et le /p/ est le phonème /b/ dans le *pinyin* du chinois.

Le phonème peut être divisé en deux types : le phonème segmental et le phonème suprasegmental. Dans le discours, le phonème est la plus petite unité, le phonème segmental est une unité abstraite et indépendante selon la situation de répartition et d'opposition des sons. Les phonèmes segmentaux de toutes les langues sont composés d'un certain nombre de consonnes et de voyelles. En plus des phonèmes segmentaux, il existe aussi d'autres caractéristiques dans le discours, comme l'accentuation, l'allongement en français et en anglais et le ton en mandarin chinois, qui constituent le phonème suprasegmental.

Dans le mode phonémique, il faut aussi faire attention à la combinaison des phonèmes, c'est-à-dire à la syllabe qui est une des notions fondamentales en phonétique. Comme unité phonétique plus grande que le phonème, la syllabe a une influence importante sur la phonologie : « c'est par la syllabe qu'a commencé une révolution qui a complètement bouleversé la façon dont la phonologie conçoit la structure du signifiant[1] », et les caractéristiques des phonèmes et des allophones doivent être étudiées et analysées au sein de la syllabe.

2.2   Le mode d'analyse prosodique

Comme nous l'avons indiqué dans les paragraphes ci-dessus, le mode phonémique est basé sur la notion de phonème, son analyse est faite sur les

---

[1]   DE CARVALHO J. B., NGUYEN N., WAUQUIER S., *Comprendre la phonologie*, op. cit., p. 146.

segments du discours.

Avec le mode phonémique, on cherche à faire une description scientifique du système phonologique d'une langue et à élaborer un système de transcription phonétique. Par contre, la théorie de l'analyse prosodique, une théorie développée par J. R. Firth dans les années 1930, n'est pas basée sur la notion de phonème, elle n'a pas pour objet de former un système de transcription phonétique.

Cette théorie nous propose un cadre pour analyser toutes les façons dont les caractéristiques phonétiques fonctionnent dans le discours. « In the analysis, abstractions adequate to a full analysis of the phonological working of the language are made from the phonic data, or the raw material of the actual utterances, and these abstractions fall into the two categories of prosodies and phonematic units.[1] » Dans l'analyse prosodique, les abstractions nécessaires d'une analyse complète sur le fonctionnement phonologique de la langue sont tirées à partir des données phoniques, ou des matières premières des expressions utilisées, et ces abstractions peuvent être divisées en deux catégories : les prosodies et les unités phonématiques.

« Prosodic analysis is, in fact, an abbreviated designation of an analysis that makes use of two types of element, Prosodies and Phonematic Units.[2] » Les deux notions fondamentales de l'analyse prosodique sont l'unité phonématique (*phonematic unit*) et la prosodie (*prosody*). « A prosody is any phonetic feature that characterizes a unit larger than a single segment. A phonematic unit, on the other hand, is an element which is sequential and segmental.[3] » Avec cette explication, on pourrait penser que les notions d'unité phonématique et de prosodie sont identiques à celles de phonème segmental et de

---

[1]   ROBINS R.H., « Aspects of Prosodic Analysis », *Prosodic Analysis*, London : Oxford University Press, 1970, p. 192.

[2]   *Ibid.*, pp. 191 – 192.

[3]   BOOIJ G. E., LEHMANN C., MUGDAN J., *Morphologie/Morphology : 1. Halbband*, Berlin : Walter de Gruyter, 2000, p. 495.

phonème suprasegmental, mais nous allons montrer qu'il n'en est rien.

Premièrement, contrairement au mode phonémique qui s'intéresse à la relation paradigmatique entre les sons du langage, l'analyse prosodique met, de plus, l'accent sur la relation syntagmatique ainsi que la relation paradigmatique. 《 Prosodic phonology operates with paradigmatic and syntagmatic relations ; the two axes are generally referred to as system and structure, respectively.[①] 》 C'est-à-dire que la phonologie prosodique ou analyse prosodique fonctionne avec les relations paradigmatiques et syntagmatiques, que l'on appelle généralement respectivement le système et la structure, respectivement. La structure peut être indiquée comme une entité syntagmatique qui comprend des unités phonématiques ou segmentales, et à laquelle une ou plusieurs prosodies peuvent appartenir.

Deuxièmement, à la différence du mode phonémique qui constitue une phonologie mono-systémique et qui suppose un système phonologique global pour une langue donnée, l'analyse prosodique traite le langage comme un ensemble de systèmes, c'est une phonologie poly-systémique qui possède différents sous-systèmes, valables selon leurs places différentes dans la structure.

Le but de l'analyse prosodique n'est pas la transcription ou la représentation linéaire des langues, mais plutôt une analyse phonologique qui prend en compte avec précision non seulement les relations paradigmatiques et les contrastes, mais aussi les relations syntagmatiques et les fonctions, qui sont elles aussi importantes et efficaces dans les discours.

2.3   Le mode de la phonologie générative

L'analyse phonémique et l'analyse prosodique s'intéressent à la description et la classification statique du système phonétique du langage et à leur structure. Quant à la phonologie générative, elle décrit la partie phonétique d'une langue donnée comme un

---

① BOOIJ G. E., LEHMANN C., MUGDAN J., *Morphologie/Morphology* : *1. Halbban*, *op. cit.*, p. 494.

système dynamique, et s'intéresse au processus génératif de la phonologie.

La phonologie générative est une composante de la théorie de la grammaire générative et transformationnelle de N. Chomsky, selon laquelle la grammaire d'une langue possède 3 composantes : la composante syntaxique, la composante sémantique et la composante phonologique, qui constituent chacune un système de règles. Nous pouvons présenter les recherches de la grammaire générative et transformationnelle avec le diagramme ci-dessous :

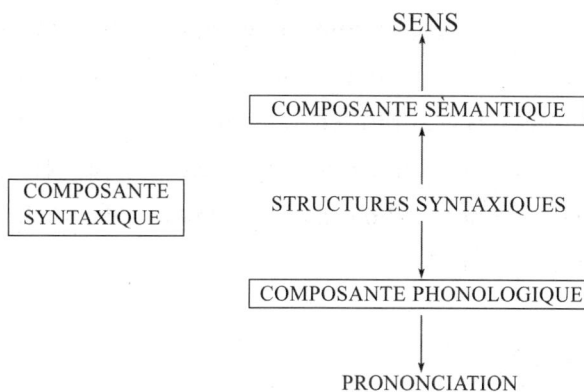

SENS

↑

| COMPOSANTE SÈMANTIQUE |

↑

| COMPOSANTE SYNTAXIQUE | STRUCTURES SYNTAXIQUES

↓

| COMPOSANTE PHONOLOGIQUE |

↓

PRONONCIATION

Schéma 1   Schéma sur la théorie de la grammaire genérative[1]

Quant à la phonologie générative, son objet de recherche est le processus génératif et transformationnel de la structure superficielle, d'une partie de la structure syntaxique, et de la prononciation, une partie du diagramme ci-dessus :

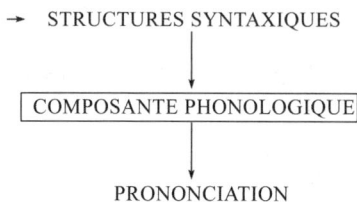

→ STRUCTURES SYNTAXIQUES

↓

| COMPOSANTE PHONOLOGIQUE |

↓

PRONONCIATION

Schéma 2   Schéma sur la théorie de la phonologie générative

---

[1]   DELL F., *Les Règles et les Sons : Introduction à la phonologie générative*, Paris : Hermann, 1973, p. 30.

《 The phonological component of the grammar assigns a phonetic interpretation to the syntactic description, making reference only to properties of the surface structure, so far as we know.[①] 》 Au niveau phonologique, les morphèmes de la structure syntaxique superficielle sont composés d'un groupe de signes phonologiques, et chacun de ces signes phonologiques est composé d'un groupe de caractéristiques phonologiques fondamentales, qui appartiennent au niveau phonémique systématique qui est la forme intrinsèque de la phonologie. Les représentations phonétiques d'une langue appartiennent au niveau phonétique systématique qui est la forme superficielle de la phonologie. Le processus génératif et transformationnel du niveau phonémique systématique et du niveau phonétique systématique se réalise à travers un système de règles. Selon Chomsky et Halle, les règles peuvent être représentées par une formule :

$$A \rightarrow B \; / \; X - Y$$

《 Where A and B represent single units of the phonological system (or the null element) ; the arrow stands for "is actualized as" ; the diagonal line means "in the context" ; and X and Y represent respectively the left-and right-hand environments in which A appears.[②] 》 En résumé, donc, A devient B quand A apparaît entre X et Y.

La phonologie générative proposée par Chomsky et Halle est basée sur 4 hypothèses :

1) le phonème est le cadre final de la description phonologique ;

2) chaque phonème n'a qu'une forme phonémique systématique ;

3) la forme intrinsèque génère la forme superficielle à travers les règles

---

① CHOMSKY N., HALLE M., *The Sound Pattern of English*, New York : Harper & Row Publishers, 1968, p. 7.

② *Ibid.*, p. 332.

phonologiques qui peuvent changer certaines caractéristiques phonétiques ;

4) si le processus génératif concerne deux ou plus de deux règles, ces règles doivent être appliquées dans un certain ordre.

Mais ces 4 hypothèses ne sont pas acceptées par tous les phonologues générativistes, il existe différentes secteurs de la phonologie générative.

La tâche de la phonologie générative est d'élaborer un système de règles s'appliquant au processus génératif de la phonologie et de résoudre d'autres problèmes reliés à cela :

《 What are the possible types of phonological rules ? What kinds of grammatical information may such rules appeal to and how ? How are phonological rules interrelated, i. e. are they ordered, if so what kinds of ordering exist, etc.[1] 》

Des questions comme celles-ci sont toujours au centre des études sur la phonologie générative, et vont pousser les recherches dans ce domaine.

61

3   Les moyens pour réaliser l'analogie

Selon la classification de la phonétique et les modes théoriques de la phonologie que l'on a présentés ci-dessus, et selon l'objet et le moyen des recherches sur la prononciation, l'analogie peut être divisée en deux catégories : l'analogie phonétique et l'analogie phonologique.

La base de l'analogie phonétique est la substance matérielle phonétique de la langue, et son contenu est l'attribut matériel de la phonétique. On peut analyser l'attribut matériel de la phonétique de n'importe quelle langue avec les moyens de la phonétique articulatoire, de la phonétique acoustique et de la phonétique auditive, par conséquent, théoriquement, on peut réaliser l'analogie

---

① POSTAL P. M., *Aspects of Phonological Theory*, London : Harper and Row, 1968, p. 313.

phonétique en fonction ces trois aspects. Mais dans la pratique, nous allons faire l'analyse par analogie dans le cadre de la phonétique articulatoire et de la phonétique acoustique en combinant les caractéristiques auditives de la phonétique, parce que d'une part, la phonétique auditive étudie la façon dont l'oreille reçois des sons et le décodage des sons, ce qui n'a pas de relation directe avec l'enseignement de la prononciation, d'autre part, les caractéristiques articulatoires, acoustiques et auditives de la phonétique sont trois parties importantes et reliées les unes aux autres.

La base de l'analogie phonologique se compose de la substance matérielle, du système et de la structure phonologiques. À propos du système phonologique, on peut faire une analyse analogique de ses composants dans les deux langues, tant pour les phonèmes segmentaux que pour les phonèmes suprasegmentaux. À propos de la structure phonologique, on peut faire une analyse analogique de la composition des phonèmes des deux langues, par exemple, la syllabe est dans les deux cas une unité importante de la structure phonologique.

Ici, nous allons proposer une analyse analogique selon ces cinq aspects : la phonétique articulatoire, la phonétique acoustique, le phonème segmental, la syllabe et le phonème suprasegmental, respectivement dans les trois langues concernées : le français, l'anglais et le chinois, et pour ce faire, nous allons commencer par l'étude des voyelles.

3.1 La phonétique articulatoire

Si l'on veut réaliser une analyse analogique entre les voyelles de deux langues, il faut connaître le moyen de classification des voyelles de la phonétique articulatoire. Le moyen le plus utilisé et le plus populaire dans l'enseignement des langues est le moyen traditionnel. Dans ce moyen, on utilise trois paramètres des mouvements de la langue et des lèvres pour décrire les voyelles : la hauteur de l'élévation de la langue, la position de la partie la plus élevée de la langue et l'arrondissement des lèvres

La hauteur de l'élévation de la langue signifie la hauteur relative verticale du point le plus élevé de la langue dans la bouche, on peut la diviser en quatre niveaux : haut, mi-haut, mi-bas et bas, et en anglais, ces quatre niveaux sont expliqués comme quatre points verticaux.

La position de la partie la plus élevée de la langue renvoie à la position relative horizontale du point le plus élevé de la langue dans la bouche, et à ce propos, on relève trois points horizontaux : avant, central et arrière.

Vient ensuite l'arrondissement des lèvres. En vue de la classification des voyelles, le positionnement des lèvres (partie mobile de la bouche) pendant l'acte de prononciation, est un paramètre très important. Comme les mouvements des lèvres sont compliqués, on peut théoriquement obtenir de nombreuses catégories de voyelles, mais en fait, deux catégories suffisantes : celle des voyelles arrondies et celle des voyelles non-arrondies.

Selon ce moyen traditionnel, nous pouvons proposer une analyse analogique entre les voyelles des langues concernées.

En français, il existe 16 voyelles qui sont toutes des monophtongues, on peut les ranger dans le tableau suivant selon les trois paramètres de la phonétique articulatoires que l'on a expliqués ci-dessus :

	Avant	Central	Arrière
Haut	/i/ (non-arrondie) /y/ (arrondie)		/u/ (arrondie)
Mi-haut	/e/ (non-arrondie) /ø/ (arrondie)	/ə/ (arrondie)	/o/ (arrondie)
Mi-bas	/ɛ/ (non-arrondie) /œ/ (arrondie)	/ɔ/ (arrondie) /ɛ̃/ (non-arrondie) /œ̃/ (arrondie)	/ɔ/ (arrondie)
Bas	/a/ (non-arrondie)	/ã/ (non-arrondie)	/a/ (non-arrondie)

Tableau 2   Classification des voyelles du français

En anglais, il existe 20 voyelles dont 12 sont des monophtongues et 8 sont des diphtongues, comme les diphtongues sont les voyelles dont le timbre se modifie en cours d'émission, on ne classera que les 12 monophtongues dans ce tableau :

	Avant	Central	Arrière
Haut	/iː/ (non-arrondie)	/i/ (non-arrondie)	/uː/ (arrondie)
Mi-haut	/e/ (non-arrondie)	/ə/ (arrondie)	/u/ (arrondie)
Mi-bas	/ɛ/ (non-arrondie)	/ʌ/ (non-arrondie)	/ɔ/ (arrondie)
Bas	/æ/ (non-arrondie)		/a/ (non-arrondie) /ɒ/ (arrondie)

Tableau 3   Classification des monophtongues de l'anglais

En mandarin chinois, la situation est plus complexe. Dans le système du *pinyin* du mandarin, on a les initiales (en chinois 声母) et les finales (en chinois 韵母). En mandarin, il existe 39 finales, y compris 16 finales nasales, mais il faut faire attention au fait que les finales sont composées de trois parties : la semi-voyelle, la voyelle principale et la voyelle finale. Pour n'importe quelle finale, la voyelle principale est indispensable. Quant aux finales nasales, la voyelle finale est《 n 》ou《 ng 》qui sont, au sens strict, des consonnes. Par conséquent, on peut classer les finales selon leur composition :

Celles qui sont composées d'une voyelle principale : a /a/, o /o/, e /ɣ/, i /i/, u /u/, ü /y/, er /ɚ/ ; en plus de ces 7 finales, on a trois phonèmes particuliers : le《 ê 》après le《 i 》ou le《 u 》qui se prononce comme /ɛ/ ; le 《 i 》après《 z 》《 c 》et《 s 》qui se prononce /ɿ/ ; le《 i 》après《 zh 》《 ch 》 《 sh 》et《 r 》qui se prononce /ʅ/. On peut traiter ces 10 finales comme des monophtongues.

Comme le cas du mandarin est complexe, nous n'intégrerons dans le tableau que les 10 monophtongues, c'est-à-dire les 10 finales qui se composent seulement d'une voyelle principale :

	Avant	Central	Arrière

Haut	i/i/ (non-arrondie)
	i/ɿ/ (non-arrondie)
	    (après z c s)
	ü/y/ (arrondie)
		i/ʅ/ (non-arrondie)
		    (après zh ch sh r)
		e/ɤ/ (non-arrondie)
			u/u/ (arrondie)

Mi-haut	e/ê/ (non-arrondie)	er/ɚ/ (non-arrondie)	
Mi-bas			o/o/ (arrondie)
Bas			a/a/ (non-arrondie)

Tableau 4   Classification des monophtongues du mandarin chinois

Avec la méthode traditionnelle, on obtient 24 types de voyelles, mais cela ne suffit pas pour décrire les différences subtiles entre deux voyelles dont les prononciations se ressemblent. Si l'on ajoute d'autres paramètres à la méthode traditionnelle, la classification devient très compliquée, les linguistes cherchent donc à trouver une échelle standard des voyelles pour déterminer la partie articulatoire de toutes les voyelles. D. Jones a proposé le système des voyelles cardinales. 《 A Cardinal Vowel is a fixed and unchanging reference point, established within the total range of vowel quality, to which any other vowel sound can be directly related. A number of such reference points constitute a system of Cardinal Vowels, and any vowel in any language can be identified by being "placed" within the system.[1] 》 La base de ce système est la limite vocalique, c'est-à-dire les limites des organes physiologiques quand on prononce les voyelles.

Le système des voyelles cardinales nous offre un système de référence et une base pour l'analyse analogique des voyelles, parce qu'il est possible de placer n'importe quelle voyelle dans le système et de l'indiquer sur le diagramme du

[1] ABERCROMBIE D., *Elements of General Phonetics*, Edinburgh : Edinburgh University Press, 1967, p. 151.

système. Avec l'analyse analogique, nous pouvons identifier les voyelles cardinales des langues concernées sur le diagramme et prendre les voyelles cardinales comme les points de référence pour trouver les nuances entre deux voyelles.

Par exemple, dans le diagramme ci-dessous, nous avons indiqué quelques voyelles de l'anglais par des carrés, les voyelles orales du français par des cercles et les 10 finales qui se composent seulement d'une voyelle principale du mandarin chinois par des triangles :

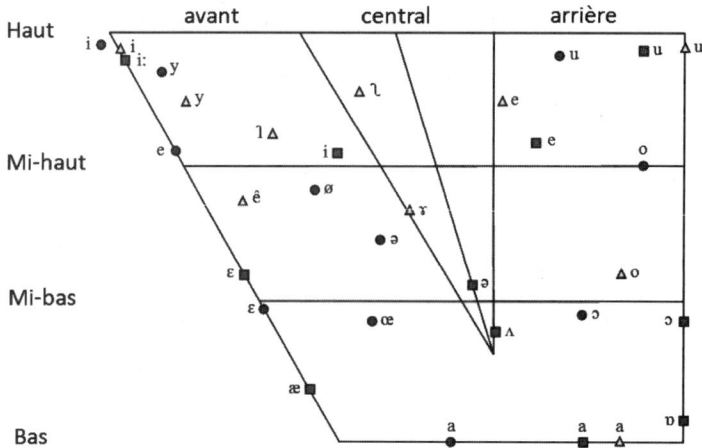

Figure 3 Système des voyelles cardinales

Selon ce diagramme, on trouve la nuance de la hauteur de l'élévation et de la position de la partie la plus élevée de la langue pour prononcer les voyelles dans les trois langues concernée. Par exemple, le /i/ du français est la voyelle la plus haute et la plus antérieure, le /u/ du mandarin chinois est la voyelle la plus haute et la plus postérieure, etc.

En plus de l'analogie entre les différentes langues, on peut aussi poser une analogie entre les phonèmes d'une même langue, entre les phonèmes que les apprenants ont bien appris et les phonèmes que les apprenants trouvent difficiles à prononcer. On a un bon exemple :

/ɛ/ : /œ/ : : /e/ : /ø/

Pour les apprenants, le /ɛ/ et le /e/ sont assez faciles à prononcer parce qu'il existe en mandarin chinois et en anglais des phonèmes similaires, malgré certaines nuances. Quant au /œ/ et au /ø/, les apprenants ont beaucoup de difficultés à les prononcer parce qu'il n'existe pas de phonèmes de référence en mandarin chinois et en anglais, ces deux phonèmes sont nouveaux pour les apprenants. À ce moment-là, il faut que l'on trouve d'autres phonèmes de référence pour aider les apprenants à bien prononcer ces deux phonèmes.

Pour trouver les phonèmes de référence du /œ/ et du /ø/, on va utiliser le moyen traditionnel de la phonétique articulatoire. Avec l'analyse, on trouve que la hauteur de l'élévation de la langue et la position de la partie la plus élevée de la langue sont identiques dans la prononciation du /ɛ/ et du /œ/, la seule différence est l'arrondissement des lèvres, le /ɛ/ est une voyelle non-arrondie et le /œ/ est une voyelle arrondie.

Quant au /e/ et au /ø/, on retrouve le même phénomène. Pour prononcer ces deux phonèmes, la hauteur de l'élévation de la langue et la position de la partie la plus élevée de la langue sont aussi identiques, la seule différence est que le /e/ est une voyelle non-arrondie et que le /ø/ est une voyelle arrondie. Pour faciliter l'enseignement, on peut établir une analogie entre ces phonèmes :

/ɛ/ : /œ/ : : /e/ : /ø/

Cette équation peut aider les apprenants à bien prononcer les phonèmes difficiles :

le /œ/ et le /ø/

Avec la phonétique articulatoire, on peut trouver les nuances entre les phonèmes des langues analysées quand on les prononce. Ici on ne se sert que de l'exemple des voyelles pour confirmer notre opinion : pour apprendre aux apprenants à prononcer correctement les phonèmes d'une langue étrangère, à bien la parler, à « parler comme on parle », l'analyse analogique par le moyen de la phonétique articulatoire est une méthode dont les enseignants peuvent profiter.

3.2 La phonétique acoustique

Dans le processus de la prononciation des voyelles, quand les ondes fondamentales et les ondes harmoniques produites par la vibration des cordes vocales entrent dans le canal vocal, avec le filtrage et la résonance du résonateur, certaines composantes des ondes harmoniques peuvent être amplifiées : on obtient alors des formants qui sont un facteur fondamental dans la caractérisation du timbre. Toutes les voyelles possèdent leurs propres formants, et l'analyse analogique des voyelles dans le domaine de la phonétique acoustique se fait sur la comparaison des constitutions et des fréquences des formants. Parmi les formants, ce sont les deux premiers qui peuvent être utilisés pour caractériser toutes les voyelles, on les note comme F1 et F2, on peut généralement distinguer les voyelles orales des langues différentes en comparant la fréquence de ces deux premiers formants.

Selon la fréquence de F1 et F2, on peut indiquer quelques voyelles des langues concernées sur une figure du système de coordonnées pour comparer plus clairement les voyelles des langues différentes. Par exemple, dans la figure ci-dessous, on a indiqué les voyelles de la langue anglaise par des points et celles de la langue française par des cercles, on a aussi lié les points et les cercles par des lignes continues et des lignes discontinues respectivement :

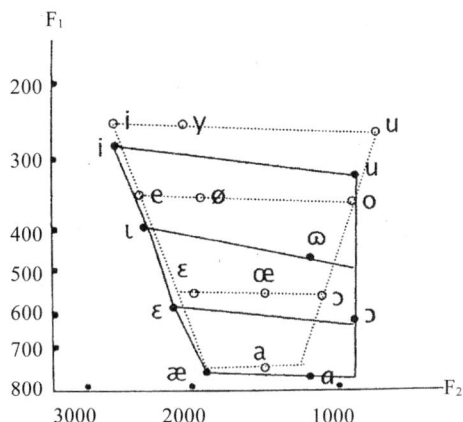

Figure 4   Classification des voyelles du français et de
l'anglais selon la phonétique acoustique[1]

En liant les points et les cercles, on obtient deux figures quadrangulaires qui correspondent dans l'ensemble à la figure quadrangulaire de la position de la langue pour prononcer les voyelles que nous avons présentée selon la phonétique articulatoire. Le changement de la fréquence de F1 correspond au changement d'élévation de la langue, celui de la fréquence de F2 correspond au mouvement horizontal de la langue. Avec ces deux figures quadrangulaires ci-dessus, on peut faire l'analyse analogique entre les caractéristiques acoustiques des voyelles dans la langue anglaise et dans la langue française.

Si l'on fait l'analyse analogique avec la phonétique acoustique, il faut mettre l'accent sur la relation de proportionentre les fréquences relatives des voyelles dans les langues concernées, et la moyenne des fréquences des formants des voyelles.

Par exemple, dans la figure ci-dessus, on constate que la moyenne de la fréquence de F2 de la voyelle /a/ du français se trouve entre celle de la voyelle /æ/ et de la voyelle /ɑ/ de l'anglais. Par conséquent, quand l'enseignant apprend aux élèves à prononcer la voyelle /a/ du français, le /æ/ et le /ɑ/,

① XU Y., 对比语言学概论 (Introduction à la linguistique comparée), Shanghai : Shanghai Foreign Language Education Press, 1992, p. 55.

deux voyelles anglaises que les élèves ont déjà apprises et ont correctement prononcées, leur servent de référence dans l'apprentissage du français. Et dans ce processus, on trouve la différence entre la voyelle /a/ du français et la voyelle /ɑ/ de l'anglais, ce qui aide les apprenants à éviter une analogie fautive.

3.3   Le phonème segmental

L'analyse analogique dans le domaine du phonème segmental se base sur la phonémique, on peut comparer la formation et les caractéristiques du système phonémique des langues concernées.

La formation du système phonémique comprend deux parties : la répartition des phonèmes et la situation de l'allophone dans le système phonémique.

Dans le cadre d'une analyse analogique, on doit d'abord énumérer les phonèmes du système phonémique des langues concernées pour trouver la situation de correspondance entre les phonèmes. On peut citer par exemple les voyelles fondamentales de noyau des trois langues analysées, excluant donc les voyelles longues et composées. On a donc les voyelles simples de l'anglais, les voyelles orales du français et les finales qui se composent seulement d'une voyelle principale du mandarin chinois (F renvoie au français, A à l'anglais, et C au mandarin chinois) :

F	i	y	e	ø	ɛ	œ	a	ə	u	o	ɔ	ɑ						
A	i		e		ɛ		a	ə	u		ɔ		ʌ	æ	ɒ			
C	i	y					a		u	o						ɤ	ɿ	ʅ	ê	ɚ

Tableau 5   Situation de correspondance entre les voyelles des langues concernées

Dans ce tableau, on constate que le nombre de voyelles est plus élevé dans le système français, on observe aussi que la voyelle /i/ et la voyelle /a/ existent dans ces trois langues, ce qui nous permet d'en faire une analyse analogique dans l'enseignement.

70

Ensuite, il faut connaître les caractéristiques des phonèmes dans le système phonémique des langues concernées, c'est-à-dire la situation de formation et de répartition de l'allophone. Selon le système phonémique des trois langues concernées que l'on a présenté dans le formulaire ci-dessus, on trouve que l'anglais et le mandarin chinois possèdent moins de voyelles simples que le français, et pour le mandarin chinois, les voyelles simples /ɤ/, /ɿ/, /ʅ/, /ê/, /ɚ/ sont uniques et n'appartiennent pas au système de voyelles de noyau. On peut dire que le mandarin chinois possède 5 voyelles simples, c'est-à-dire le moins parmi les trois langues concernées, par conséquent, du point de vue des caractéristiques articulatoires des voyelles, le cadre de répartition de l'allophone des voyelles du mandarin chinois est le plus grand : certains sons de phonèmes différents du français et de l'anglais sont des allophones d'un phonème du mandarin chinois. Par exemple, dans le mandarin chinois, le phonème /a/ possède six allophones :

Caractère	*Pinyin*	Finale	Allophone
海	hǎi	ai	/a/
家	jiā	ia	/ʌ/
见	jiàn	ian	/ɛ/
绢	juàn	üan	/æ/
好	hǎo	ao	/ɑ/
花儿	huār	uar	/ɒ/

Tableau 6　Six allophones du phonème /a/ dans le mandarin chinois

Ce phénomène existant dans le système de prononciation du mandarin chinois crée pour les locuteurs natifs une grande difficulté pour entendre les différences entre « date » et « dette » en français ainsi que « *bet* » et « *bat* » en anglais, parce que pour eux, ce ne sont pas deux groupes de mots qui possèdent des voyelles opposées, mais les allophones d'une même voyelle /a/.

Par conséquent, c'est évident qu'il est nécessaire de faire l'analogie entre le français et l'anglais pour apprendre aux élèves à prononcer exactement les voyelles du français et expliquer aux apprenants chinois la différence entre ces voyelles. S'ils ont une bonne connaissance des voyelles de l'anglais, ils peuvent saisir les différences entre les voyelles du français.

Quand aux consonnes, on rencontre une autre difficulté dans l'enseignement du français. En français, il existe 3 groupes de consonnes /p/-/b/, /t/-/d/, /k/-/g/ : quand l'enseignant apprend aux élèves chinois à les prononcer, il n'y a pas de difficulté pour les apprenants qui ont un bon niveau d'anglais, l'anglais sert de langue de référence parce qu'il y a des consonnes sourdes et des consonnes sonores dans cette langue. Même si les consonnes sonores n'existent pas dans le système phonétique du mandarin chinois, il n'est pas difficile pour les apprenants qui ont appris l'anglais depuis longtemps de saisir les différences entre les deux et de les prononcer correctement. Quand nous donnons aux apprenants des syllabes comme : /zip/-/zib/, /fɛt/-/fɛd/, /vak/-/vag/, ils peuvent les prononcer correctement et quand ils les entendent, ils trouvent tout de suite les différences entre les membres de ces couples de syllabes.

Mais quand on donne aux apprenants des syllabes comme : /pat/-/bat/, /tik/-/dik/, /kur/-/gur/, ils ont beaucoup de difficultés à les prononcer correctement, parce qu'ils font une analogie fausse entre le français et l'anglais. En anglais, les consonnes sourdes peuvent être avec aspiration ou sans aspiration, par exemple, le /p/ dans le mot « pink » est avec aspiration et celui dans le mot « spanish » est sans aspiration, mais les locuteurs ne sentent pas la différence entre les deux, et cette différence n'a aucune fonction de distinction du sens des mots, donc le /p/ dans ces deux mots est le même phonème. Si l'on prononce le /p/ dans le mot « spanish » avec aspiration, tout le monde peut comprendre, par conséquent, dans l'enseignement et l'apprentissage de l'anglais, on ne met pas l'accent sur la distinction entre les consonnes sourdes avec aspiration et sans aspiration. Ce n'est pas le cas du français, les apprenants chinois qui apprennent l'anglais depuis longtemps n'ont pas l'habitude de sentir la différence entre les consonnes sourdes avec aspiration et sans aspiration et de les distinguer, quand ils commencent à apprendre le français, la distinction entre les deux devient une grande difficulté.

Quand nous apprenons aux élèves à prononcer le /p/ sans aspiration dans le mot « pâte », les élèves nous demandent souvent la question : « Est-ce que ce phénomène phonétique est la sonorisation ? » parce qu'ils font une analogie avec l'anglais et dans la phonétique de l'anglais, la sonorisation est un phénomène fréquent. À ce moment-là, il faut que l'enseignant explique aux élèves que la sonorisation est une transformation par la contact d'une consonne sourde en consonne sonore et qu'il existe une différence entre une consonne sonore et une consonne sourde sans aspiration : la vibration des cordes vocales. Cette explication est assez abstraite parce que pour les élèves le /b/ et le /p/ sans aspiration se ressemblent beaucoup. Par conséquent, une analogie entre le français et le mandarin chinois peut aider les apprenants à distinguer le /p/ avec aspiration, le /p/ sans aspiration et le /b/, et ce faisant, faciliter l'enseignement.

En mandarin chinois, une syllabe est composée d'une initiale, qui est la consonne qui commence la syllabe, et d'une finale, qui couvre le reste de la syllabe. Dans le système phonétique du mandarin chinois, il y a 23 initiales, y compris :

1) 18 initiales composées d'une seule consonne : b(o), p(o), m(o), f(o), d(e), t(e), n(e), l(e), g(e), k(e), h(e), j(i), q(i), x(i), z(i), c(i), s(i), r(i) ;

2) 3 initiales composées de deux consonnes : zh(i), ch(i), sh(i) ;

3) 2 initiales qui sont des semi-voyelles : y, w.

Dans le système phonétique du mandarin chinois, il n'existe pas d'opposition entre la consonne sourde et la consonne sonore, il y a seulement 4 initiales composées d'une consonne sonore : m(o), n(e), l(e), r(i). Parmi les 18 initiales qui comprennent une seule consonne, il existe aussi 3 groupes d'initiales opposées : b(o)-p(o), d(e)-t(e), g(e)-k(e), mais ces six initiales sont toutes composées d'une consonne sourde, alors cette opposition est basée sur la distinction entre les consonnes sourdes avec aspiration et les consonnes sourdes sans aspiration.

Ici, on prend le groupe b(o)-p(o) comme exemple. Selon l'API (Alphabet Phonétique International), l'initiale p(o) comprend le phonème /p'/, c'est-à-dire la consonne sourde avec aspiration, l'initiale b(o) le phonème /p/, la consonne sourde sans aspiration. Pour expliquer aux apprenants la différence entre le /p'/ et le /p/, il suffit de faire une analogie entre le français et le mandarin chinois :

plat/pla/ : 害怕 (hàipà) (craindre)
/p'a/ : : pâte /pat/ : 爸爸 (bàba) (père) /papa/

Avec cette explication, les apprenants aperçoivent tout de suite la différence entre une consonne sourde avec aspiration et sans aspiration. Et pour leur faire comprendre la différence entre une consonne sourde sans aspiration et une consonne sonore, il faut ajouter l'anglais dans l'analogie, parce que la consonne sonore /b/ n'existe pas en mandarin chinois. Pour les apprenants chinois qui apprennent l'anglais depuis des années, ils sentent la vibration des cordes vocales quand on prononce une consonne sonore. Selon nous, ce n'est pas une mauvaise idée d'ajouter une analogie fautive entre le français et le mandarin chinois à la fin de l'explication, parce que dans la vie quotidienne, on n'appelle jamais le père /baba/, si on le fait, c'est une plaisanterie, et cette analogie fautive peut donner une impression profonde aux apprenants pour éviter une confusion entre une consonne sourde sans aspiration et une consonne sonore.

3.4 La syllabe

《 La syllabe 》 est un terme très fréquent mais une notion assez complexe en linguistique. Pour faire une analyse analogique au niveau de la syllabe entre des différentes langues, il faut tout d'abord analyser les types généraux des syllabes des langues analysées. Selon la fonction des phonèmes, on a deux genres de phonèmes dans une syllabe : la voyelle (V), qui est l'élément central d'une syllabe, et la consonne （C）, qui est l'élément auxiliaire d'une syllabe. Le type de syllabe le plus fréquent dans le langage est la syllabe composée d'une voyelle et d'une consonne, c'est-à-dire CV. Dans la structure CV, la C n'est pas toujours nécessaire, alors on a la syllabe composée d'une seule V.

En mandarin chinois, il y a 4 types généraux de syllabes :

1) V : 阿（ā）/a/

2) CV : 爸（bà）/ba/

3) VC : 安（ān）/an/

4) CVC : 办（bàn）/ban/

Avec des syllabes assez simples dans le système phonétique du mandarin chinois, il est un peu difficile pour les apprenants chinois de prononcer le français dont le système phonétique possède des groupes de consonnes. Pour bien prononcer le groupe de consonnes, il ne faut pas faire de pause entre les consonnes. Mais les syllabes du mandarin chinois ne fonctionnent pas par groupes, et les apprenants chinois n'ont pas l'habitude de prononcer les consonnes continûment. Par conséquent, une analogie entre le français et l'anglais peut faciliter l'enseignement.

En anglais et en français, la structure syllabique est plus complexe. Devant la voyelle, l'élément central de la syllabe, on peut avoir un groupe de consonnes comprenant 3 consonnes au maximum, par exemple « street » en anglais et « strict » en français. Et derrière la voyelle, on peut avoir un groupe de consonnes comprenant 4 consonnes au maximum, par exemple « seven twelfths » en anglais et « dextre » en français.

De plus, la division des syllabes est aussi une partie importante dans l'enseignement de la prononciation du français, parce que la syllabe a une relation avec l'accent et l'intonation. En mandarin chinois, chaque caractère ne possède qu'une voyelle, par conséquent chaque caractère est une syllabe. Pour apprendre aux élèves chinois à diviser les syllabes, il est nécessaire de faire l'analogie entre le français et l'anglais.

3.5　Le phonème suprasegmental

《 Les phénomènes suprasegmentaux ou prosodiques sont des faits phonétiques qui se superposent à des suites de sons et représentent des propriétés inhérentes des segments phonétiques.[①] 》 Quand on emploie les phonèmes segmentaux pour constituer le système de signification d'une langue, il faut y ajouter le phonème suprasegmental qui accompagne toujours le phonème segmental et qui peut modifier le sens de ce que l'on prononce. Les caractéristiques des phonèmes suprasegmentaux les plus déterminantes dans une langue sont la hauteur, l'intensité et la longueur du son, et parmi ces caractéristiques, la hauteur du son est la plus complexe. Elle correspond aux changements de fréquence fondamentale de la vibration des cordes vocales que l'on appelle généralement 《 la mélodie 》 dans l'emploi du langage.

Il existe, en phonétique, deux genres de mélodie : le ton, qui prend une syllabe ou un mot comme unité et l'intonation, qui prend un groupe rythmique ou une phrase comme unité. Le mandarin chinois est une langue de ton, dans cette langue, on a 4 tons qui constituent la représentation générale de la mélodie :

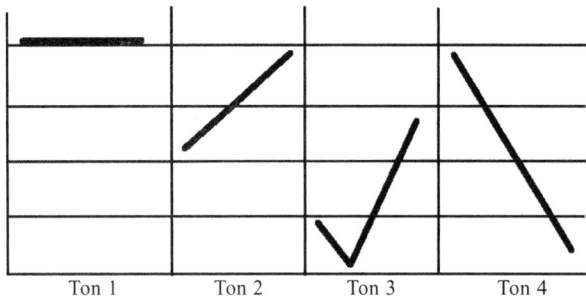

Figure 5　4 tons du mandarin chinois

---

① CHAMPAGNE MUZAR C., S. BOURDAGES J., *Le Point sur la phonétique*, Paris : CLE International, 1998, p. 27.

Quant au français et à l'anglais, deux langues où le mouvement mélodique se produit selon le groupe rythmique, l'intonation est la représentation générale de la mélodie. Alors, l'intonation est une partie importante dans l'enseignement de la prononciation du français. Pour les locuteurs chinois, il est possible de faire l'analogie entre le français et l'anglais, ce qui facilitera sans doute l'enseignement.

L'accent est un phénomène populaire dans la prononciation des langues, elle est « la mise en relief de certaines parties de la chaîne sonore aux dépens des autres[①] », ce qui est facile pour les apprenants à comprendre. Mais dans le processus de l'enseignement, on constate que les apprenants ont souvent du mal à bien réaliser l'accent dans la prononciation, par conséquent, nous nous intéresserons à la cause de cette difficulté et à la solution de ce problème.

3.5.1   L'intonation

L'intonation renvoie au mouvement mélodique d'une langue, c'est-à-dire à la montée et à la descente de la voix. Ces deux mouvements se manifestent différemment dans toutes les langues. Par exemple, en français, pour la même phrase, une intonation montante et une intonation descendante peuvent donner deux sens différents à cette phrase :

Ça va ? ↗ (une interrogation)

Ça va. ↘ (une réponse à l'interrogation ci-dessus.)

Avec cet exemple, on constate qu'en français, il est possible de transformer une phrase déclarative en une interrogation avec un mouvement montant, en revanche, on peut aussi transformer une phrase interrogative en une phrase déclarative avec un mouvement descendant.

---

① CHAMPAGNE-MUZAR C., S. BOURDAGES J., *Le Point sur la Phonétique, op. cit.*, p. 28.

Le mandarin chinois est une langue de ton, au sens strict, on ne connaît pas l'intonation dans le discours, mais on y trouve tout de même une montée, présentée par le Ton 2, et une descente, présentée par le Ton 4. Cependant, il n'est pas possible de transformer une phrase déclarative en une phrase interrogative avec un mouvement montant, si l'on veut le faire, on ajoute à la fin de la phrase une interjection 《吗》. Par exemple :

你好。 = Bonjour.
你好吗 ? = Tu vas bien ?

Avec cette caractéristique du mandarin chinois, les locuteurs n'ont pas l'habitude d'associer les mouvements mélodiques, la montée et la descente, à différents types de phrases. Par conséquent, pour enseigner l'intonation du français, on ne peut pas faire l'analogie entre le français et le mandarin chinois, il faut alors rechercher le rôle de l'intonation dans la chaîne parlée de l'anglais.

En anglais, on a aussi les intonations montante et descendante qui sont associées à différents types de phrases, alors, nous pouvons dégager les points communs entre les types de phrases des deux langues (français et anglais) auxquels sont associées les intonations en analysant des exemples :

1) Phrases affirmatives

Je m'appelle Lucien. ↘ Je suis étudiant. ↘
My name is Lucien. ↘ I'm a student. ↘

Selon ces exemples de phrases affirmatives, on a toujours dans les deux langues une intonation descendante indiquant la fin de la phrase.

2) Phrases négatives

Je n'habite pas ↗ avec mes parents. ↘
I do not ↘ live with my parents. ↘

Je ne sais pas. ↘

I don't know. ↘

Dans ces deux exemples, on trouve une différence : en français, on a une intonation montante à la négation « pas », « plus », « jamais », etc., en anglais, on a toujours l'intonation descendante dans les phrases négatives. Mais si la négation est à la fin d'une phrase en français, l'intonation est la même que pour les phrases affirmatives.

3) Interrogation partielle

Quelle heure est-il ? ↘ Il est quelle heure ? ↗

What time is it ? ↘

D'où vient-il ? ↘ Il vient d'où ? ↗

Where does he come from ? ↘

Avec ces exemples, on constate que l'intonation descendante est associée à des phrases qui commencent par des mots interrogatifs. Dans la langue française courante, il est possible de mettre les mots interrogatifs derrière le verbe, et à ce moment-là, on a une intonation montante. Mais dans l'anglais, c'est une situation très rare.

4) Interrogation totale

Êtes-vous content ? ↗

Are you happy ? ↗

Vous l'avez trouvé ? ↗

You have found it ? ↗

Dans ces exemples, on constate que l'intonation montante est associée à une interrogation totale en français ainsi qu'en anglais, et qu'une intonation montante peut transformer une phrase déclarative en une phrase interrogation sans postposition du sujet.

    5）L'impératif

        Partez avec moi s'il vous plaît. ↘

        Please leave with me. ↘

    Avec ces exemples, on constate que l'impératif est toujours associé à une intonation descendante en français et en anglais.

    6）L'exclamation

        Quel mauvais temps ! ↘

        What bad weather ! ↘

    L'intonation descendante est aussi associée à l'exclamation dans ces deux langues.

    7）*Question tags*

        Il fait doux aujourd'hui, n'est-ce pas ? ↗

        It's warm today, isn't it ? ↗

    Les *question tags* constituent une forme de l'interrogation totale, on leur associe donc l'intonation montante. Mais en anglais, les deux phrases suivantes peuvent aussi être prononcées avec une intonation descendante :

        It's warm today, isn't it ? ↘

    Dans ce cas, les deux phrases deviennent des questions rhétoriques, donc l'expression d'une opinion qui ne demande pas de réponse. Mais cette façon de parler n'existe pas en français.

    Grâce à cette analyse de l'intonation dans 7 types de phrases, on constate des points communs ainsi que des différences entre l'anglais et le français, pour la plupart des types des phrases en français, comme l'affirmation, l'interrogation, l'impératif, l'exclamation, une analogie avec l'anglais peut aider les apprenants à bien prononcer les phrases en français.

3.5.2 L'accent

L'accent est un phénomène phonétique que les locuteurs chinois connaissent bien, mais l'accent du mandarin chinois est syntaxique et arbitraire, par exemple, dans la phrase :

我明天去北京。
Je vais à Pékin demain.

Dans cette phrase, on peut mettre l'accent sur 《 我 》ou《 明天 》ou《 北京 》. En mandarin chinois, c'est toujours la même phrase, mais on peut la traduire en français sous 3 formes :

`我明天去北京。C'est moi qui vais à Pékin demain.
我`明天去北京。C'est demain que je vais à Pékin.
我明天去`北京。C'est à Pékin que je vais demain.

En anglais, l'accent est lexical. Pour les mots plurisyllabiques, la place de l'accent peut changer le sens et la catégorie des mots. Ici, on prend le mot 《 desert 》comme exemple, ce mot peut être prononcé /ˈdezət/, et dans ce cas, il s'agit d'un substantif qui signifie 《 le désert 》; mais ce mot peut aussi être prononcé /deˈzət/, et à ce moment-là, c'est un verbe qui veut dire 《 abandonner 》.

En comparaison de ce qui a lieu en mandarin chinois et en anglais, l'accent du français paraît plus simple à maîtriser, il se réalise toujours sur la dernière syllabe du mot ou du groupe rythmique. Ayant su diviser les unités phonétiques en syllabe, il devient assez facile pour les apprenants de pratiquer cette règle phonétique de prononciation. Mais il faut remarquer que l'accent du français est moins marqué que dans les autres langues romanes, la différence entre la syllabe accentuée et la syllabe non accentuée n'est pas aussi évidente qu'en anglais. Pour présenter clairement la différence entre l'accent du français et celui de l'anglais, on peut s'aider d'une figure de Delattre[1] qui illustre bien ce fonctionnement différencié :

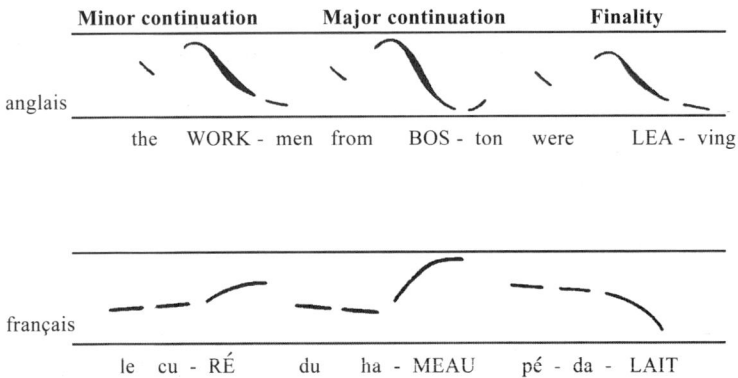

Figure 6　Différence entre l'accent du français et celui de l'anglais

Avec l'explication et la figure qui présente bien la différence d'intonation et d'accent entre le français et l'anglais, on peut éviter des erreurs de transfert au début de l'enseignement et de l'apprentissage.

Pour enseigner la prononciation du français avec plus d'efficacité, on peut employer l'analogie comme méthode d'enseignement. Avec les connaissances phonétiques que les apprenants ont déjà acquises et qui ont une influence positive sur l'apprentissage du français, on obtient un meilleur résultat d'enseignement. Mais on trouve qu'il existe aussi des connaissances phonétiques qui ont une influence négative sur l'enseignement et l'apprentissage du français, il faut que l'enseignant soit sensibilisé aux différences interlinguales et qu'il corrige à temps les erreurs causées par les analogies fautives.

---

① DELATTRE P., *Comparing the Phonetic Features of English, French, German and Spanish*, Heidelberg : Julius Groos Verlag, 1965, p. 25.

4   Conclusion

L'enseignement des langues étrangères est un domaine dans lequel la prononciation joue un rôle crucial. La phonétique est une partie importante par laquelle on commence l'enseignement du français. Avant d'apprendre le français, la plupart des apprenants chinois ont déjà appris leur langue maternelle, le mandarin chinois, et leur première langue étrangère, l'anglais. Par conséquent, l'influence de ces deux langues accompagne l'apprentissage du français. Beaucoup d'enseignants croient que cette influence est négative pour l'enseignement de la phonétique et ils demandent aux apprenants d'oublier, le temps du cours de français, leurs connaissances sur la phonétique anglaise, ce qui est impossible pour beaucoup d'apprenants. On a deux genres d'étudiants en Chine qui apprennent le français : les uns apprennent le français pour en faire leur spécialité et doivent passer le test d'anglais CET 4 et CET 6[1] pour obtenir leur diplôme de licence ; les autres se spécialisent en langue anglaise et apprennent le français comme seconde langue étrangère, et pour eux, l'apprentissage de l'anglais est plus important. Pour remédier à cette contradiction, l'application de l'analogie entre le français et l'anglais dans l'enseignement de la prononciation semble nécessaire.

---

① CET 4 : College English Test de niveau 4 ; CET 6 : College English Test de niveau 6.

Chapitre 5

Enseigner le vocabulaire par analogie

En plus de l'enseignement de la prononciation, il existe une autre composante de l'enseignement du français pour les apprenants de niveau débutant : l'enseignement du vocabulaire. L'enseignement du vocabulaire est depuis longtemps considéré comme une partie inconnue de la didactique des langues. Domaine illimité du langage, le lexique est lié aux rapports de signification et à l'histoire de la langue, il est difficile d'analyser et de structurer les mots d'une langue de manière logique. Dans les manuels de français, on trouve dans chaque leçon, après le texte, un vocabulaire qui présente les nouveaux mots présents dans le texte ainsi que leurs sens. Durant un cours de français, l'enseignant demande à un ou deux apprenants de lire les mots du vocabulaire (ce qui n'est pas difficile pour eux parce qu'ils ont déjà appris les règles de prononciation et d'orthographe du français), mais rien de plus.

Une bonne compétence lexicale est quelque chose de très important dans l'apprentissage du français, mais l'enseignant consacre beaucoup moins de temps à l'apprentissage des mots qu'à l'apprentissage de la grammaire, et demande aux apprenants de mémoriser par eux-mêmes les nouveaux mots. La pauvreté lexicale des apprenants est le résultat de cette méthode d'enseignement. Pour changer cette situation, on doit mettre l'accent sur l'apprentissage et l'enseignement du vocabulaire.

Quand on parle de vocabulaire, on mentionne inéluctablement une autre notion : le lexique.

Le lexique constitue l'ensemble des mots d'une langue, et le vocabulaire est une portion du lexique qui correspond à l'ensemble des mots que l'on utilise dans un énoncé oral ou écrit. Mais dans le langage courant, on considère ces deux termes comme synonymes. Par conséquent, dans notre recherche sur l'enseignement du français, on utilise le mot « vocabulaire » parce que l'on ne peut pas enseigner la totalité du lexique, mais pour l'analyse analogique entre les langues concernées, c'est le lexique qui est au centre de notre recherche.

Dans cette partie, nous ne considérerons pas le mandarin chinois. Il est bien évident que la structure lexicale du chinois est assez lointaine de celle du français et de l'anglais. Le mandarin chinois n'est pas une langue alphabétique et que l'analogie entre le mandarin chinois et le français est contestable et difficile à expliquer aux apprenants, dans cette partie de nos recherches, nous mettrons l'accent sur l'analogie entre le français et l'anglais.

Nous citons ici le résultat des recherches de M. Caure. Dans ses recherches sur la détermination de l'interlexique anglais/français, on trouve des statistiques sur le corpus des 1000 mots les plus fréquents dans la langue anglaise, comprenant 131 adjectifs, 115 adverbes, 496 noms et 259 verbes. En comparant les mots anglais et leurs équivalents du français, on a obtenu les résultats suivants :

	Absolu	Relatif à l'interlexique	Relatif au corpus
Total	528	100%	53%
Adjectifs	77	15%	8%
Adverbes	25	5%	3%
Noms	310	59%	31%
Verbes	116	22%	12%

Tableau 7   Statistiques sur le corpus des 1000 mots les plus fréquents dans la langue anglaise[1]

---

[1]   Caure M., *Caractérisation de la transparence lexicale, extension de la notion par ajustements graphophonologiques et microsémantiques, et application aux lexiques de l'anglais, de l'allemend et du néerlandais*, Reims : Université de Reims Champagne-Ardenne, U.F.R. des Lettres et Sciences humaines, École doctorale « Sciences de l'Homme et de la Société », 2009, p. 199.

En comparant les mots anglais et leurs équivalents du français, on constate que le pourcentage des mots transparents directement en anglais est de 53%, autrement dit, plus de la moitié des mots du corpus anglais correspondent aux règles de la transparence directe.

Nous avons aussi réalisé des statistiques en fonction des catégories des mots :

	Absolu	Relatif à la catégorie
Adjectifs	77	59%
Adverbes	25	22%
Noms	310	62%
Verbes	116	45%

Tableau 8   Statistiques en fonctions des catégories des mots[1]

Dans ce tableau, on constate que les noms sont les plus susceptibles d'être directement transparents, la compréhension et l'apprentissage des noms du français sont donc relativement simples quand on fait l'analogie avec l'anglais.

Aujourd'hui, l'anglais est considéré comme la langue internationale, un grand nombre d'anglicismes se sont donc implanté dans de nombreuses langues, y compris le français. « Les mots que le français a empruntés à l'anglais sont entrés dans la langue à des époques très diverses. [...] certains "anglicismes" semblent exister depuis toujours en français et ne sont plus du tout repérés, sauf par les étymologistes, comme des éléments d'origine étrangère. C'est le cas de mots comme bateau, choquer, bagage et toupie, qui ont tous une origine entièrement ou partiellement anglaise mais qui existent en français depuis la prime jeunesse de cette langue.[2] »

Pour les apprenants de niveau débutant, la raison de la similarité entre

---

① Caure M., *Caractérisation de la transparence lexicale, extension de la notion par ajustements graphophonologiques et microsémantiques, et application aux lexiques de l'anglais, de l'allemend et du néerlandais*, op. cit., p. 200.

② BOGAARDS P., *On ne parle pas franglais*, Bruxelles : De Boeck Duculot, 2008, p. 73.

l'anglais et le français importe peu : ils veulent simplement profiter de cette similarité entre les deux langues dans l'apprentissage du français. La tâche de l'enseignant est alors de faire l'analogie entre ces deux langues dans le processus de l'enseignement pour aider les apprenants à mémoriser le vocabulaire. Selon Degache, membre de l'équipe Galatea, les analogies entre les langues peuvent être classées en quatre catégories[1] :

1) une analogie totale ou quasi-totale qui représente une correspondance morphosémantique totale ;

2) une analogie partielle qui représente une correspondance morphosémantique partielle ;

3) une analogie marginale qui représente une correspondance morphologique totale ou partielle entre items sémantiquement éloignés et difficilement assimilables ;

4) une analogie trompeuse qui représente une correspondance morphologique totale ou partielle entre items sémantiquement divergents mais facilement assimilables.

Dans l'apprentissage et l'enseignement du vocabulaire, on peut profiter entièrement de l'analogie totale ou quasi-totale qui a une influence positive sur l'intercompréhension, quant à l'analogie partielle et marginale, il faut que les apprenants aient une bonne connaissance du vocabulaire anglais pour comprendre la signification des mots français, et l'enseignant doit aussi souligner des différences entre les mots anglais et leurs équivalents français. Enfin, il faut éviter l'analogie trompeuse qui dérange sans doute la compréhension et qui est à l'origine de nombreuses erreurs.

87

---

[1]   Degache C., *Didactique du plurilinguisme : Travaux sur l'intercompréhension et l'utilisation des technologies pour l'apprentissage des langues*, Grenoble : Université Stendhal-Grenoble III, U.F.R. des Sciences du langage, 2006, pp. 63 – 65.

1 Analyse analogique entre le vocabulaire anglais et le vocabulaire français

Dans le processus de l'apprentissage du français, la plupart des apprenants chinois qui ont une connaissance de la langue anglaise peuvent trouver une ressemblance entre le vocabulaire anglais et le vocabulaire français, mais pour eux, cette ressemblance est bien limitée, ils n'ont pas la conscience linguistique pour profiter de cette ressemblance dans l'apprentissage, c'est alors l'enseignant qui doit diriger les apprenants pour faire l'analogie entre ces deux sortes de vocabulaires et favoriser le transfert positif dans l'apprentissage. Nous proposons donc une analyse analogique selon les classes de mots de ces deux langues.

1.1 Le nom

Nous commençons tout d'abord par comparer les noms de ces deux langues, parce que les modifications sont petites, pour les apprenants qui ont une bonne connaissance du lexique anglais, il est assez facile de deviner le sens d'un nom du français qui est orthographiquement semblable à un nom de l'anglais. Ici, nous prenons quelques exemples pour illustrer cette ressemblance entre les deux langues :

Nom du français	Équivalent en anglais	Nom du français	Équivalent en anglais
animal	animal	notion	notion
banque	bank	organisation	organization
créateur	creator	question	question
docteur	doctor	satisfaction	satisfaction

tableau continu

Nom du français	Équivalent en anglais	Nom du français	Équivalent en anglais
féminisme	feminism	université	university
humanité	humanity	vitamine	vitamin
importance	importance	wagon	wagon
mimique	mimic	zone	zone

Tableau 9   Ressemblances des noms entre le français et l'anglais

Avec les groupes de mots présents dans ce tableau, on constate qu'il existe peu de différences et beaucoup de points communs entre les noms des deux langues concernées, cette ressemblance orthographique est la base de notre recherche, nous proposons une analyse analogique permettant de trouver les règles de transformation de la morphologie du lexique des deux langues, et surtout les règles de transformation de suffixe qui sont plus régulières. Comme la connaissance sur le lexique de l'anglais est acquise plus tôt par les apprenants, nos recherches mettent l'accent sur la transformation de l'anglais au français.

1.1.1   La terminaison -or et -er

En anglais, les noms se terminant par -or et -er sont souvent des noms désignant une personne qui exerce une certaine activité. Pour ce genre de nom, il suffit d'éliminer la terminaison -or d'un nom anglais et d'ajouter à la fin -eur pour avoir son équivalent en français. Alors on peut dire que le suffixe -er ou -or de l'anglais égale le suffixe -eur du français, par une opération analogique, on peut trouver l'équivalent français d'un nom anglais. Mais il existe aussi une situation dans laquelle nous devons tenir compte de l'accent qui se manifeste dans la prononciation. Par exemple, dans le tableau ci-dessus, nous avons le nom *creator*, avec son équivalent en français créateur. On peut énumérer des exemples pour prouver cette règle :

Nom de l'anglais	Processus analogique	Équivalent du français
actor	or : actor = eur : X	X = acteur
boxer	er : boxer = eur : X	X = boxeur
conductor	or : conductor = eur : X	X = conducteur
director	or : director = eur : X	X = directeur
danser	er : danser = eur : X	X = danseur
editor	or : editor = eur : X	X = éditeur
operator	or : operator = eur : X	X = opérateur
professor	or : professor = eur : X	X = professeur
sculptor	or : sculptor = eur : X	X = sculpteur

Tableau 10   Processus analogique

Pour ce genre de nom, il y a une différence entre le français et l'anglais, la plupart des noms de métier en anglais, comme les noms que l'on a pris comme exemples dans le tableau, *conductor*, *director*, *opérator*, *etc.*, peuvent désigner toutes les personnes qui exercent ces activités, sans différenciation entre homme et femme. Il existe bien sûr des exceptions comme le nom *actor*, qui désigne seulement un homme qui interprète des rôles, à la scène ou à l'écran. Pour désigner une femme, on trouve le mot *actress*. En français, au contraire, pour la plupart des métiers, il existe deux mots, l'un désignant l'homme, l'autre une femme. Alors quand il s'agit d'une femme, la terminaison -or et -er en anglais est transformée en -euse ou -trice en français au lieu de -eur, pour les équivalent français proposés dans le tableau, on a donc aussi les noms : actrice, boxeuse, conductrice, directrice, danseuse, éditrice, opératrice. Mais pour les métiers comme le professeur ou le sculpteur, longtemps considérés comme exclusivement masculins, on désigne les femmes avec le même mot.

1.1.2   La terminaison -ist et -ism

En anglais, les noms avec la terminaison -ist sont souvent des noms désignant une personne qui est experte dans un certain domaine. Pour ce genre de noms, il suffit d'ajouter à la fin un *e* muet pour obtenir l'équivalent français, c'est-à-dire que le suffixe -ist de l'anglais équivaut au suffixe -iste du français :

Nom de l'anglais	Processus analogique	Équivalent du français
artist	ist : artist = iste : X	X = artiste
biologist	ist : biologist = iste : X	X = biologiste
communist	ist : communist = iste : X	X = communiste
linguist	ist : linguist = iste : X	X = linguiste
mentalist	ist : mentalist = iste : X	X = mentaliste
pessimist	ist : pessimist = iste : X	X = pessimiste
tourist	ist : tourist = iste : X	X = touriste

Tableau 11   Processus analogique

En anglais, la consonne finale des mots se prononce, mais en français, elle ne se prononce pas. Si l'on ajoute un « e » muet à la fin, c'est parce qu'il fait sonner la consonne qui le précède, ce qui peut faciliter la prononciation.

On peut aussi appliquer cette règle aux noms anglais qui se terminent en -ism : le suffixe -isme est donc l'équivalent français du suffixe -ism. Dans ce cas, il faut aussi faire attention à l'accent.

Nom de l'anglais	Processus analogique	Équivalent du français
communism	ism : communism = isme : X	X = communisme
idealism	ism : idealism = isme : X	X = idéalisme
naturalism	ism : naturalism = isme : X	X = naturalisme
realism	ism : realism = isme : X	X = réalisme
sophism	ism : sophism = isme : X	X = sophisme
tourism	ism : tourism = isme : X	X = tourisme

Tableau 12   Processus analogique

1.1.3 La terminaison -tion，-ssion，-ation，-sion

Quand il s'agit des noms de l'anglais qui se terminent en -tion，-ssion，-ation，-sion，les étudiants les comprennent avec précision，parce qu'il n'y a presque aucune différence entre l'anglais et le français. Les mots de ce type sont nombreux dans les deux langues.

Nom de l'anglais	Équivalent en français	Nom de l'anglais	Équivalent en français
attention	attention	notion	notion
benediction	bénédiction	observation	observation
composition	composition	occasion	occasion
coordination	coordination	operation	opération
direction	direction	profession	profession
expression	expression	qualification	qualification
fiction	fiction	question	question
gestion	gestion	radiation	radiation
interrogation	interrogation	station	station
invitation	invitation	tradition	tradition

Tableau 13　Ressemblance des noms avec la terminaison -ion

Les noms de ce type sont morphologiquement identiques en anglais et en français，les apprenants n'ont donc aucune difficulté à les comprendre，mais lorsqu'ils les prononcent，il arrive souvent qu'ils fassent des fautes. En français，le groupe des lettres -ion se prononce /jɔ̃/ :

-tion /sjɔ̃/，-ation /asjɔ̃/，-ssion /sjɔ̃/，-sion /sjɔ̃/ ou /zjɔ̃/ selon la lettre qui le précède.

Mais en anglais，la terminaison -tion se prononce /ʃən/，la terminaison -sion se prononce /ʃən/ ou /ʒən/ selon la lettre qui la précède. Il arrive souvent que les apprenants prononcent les noms français de ce type à l'anglaise. On voit ici que la connaissance du lexique anglais peut faciliter la compréhension du sens des mots du français, mais ne favorise pas l'apprentissage de la prononciation.

1.1.4   La terminaison -y

La transformation des noms anglais se terminant par -y n'est pas toujours régulière. Lorsqu'elle l'est, on peut distinguer trois types :

1) Les mots qui indiquent une discipline comme *analogy*, *biology*, *geology*, *astronomy*, *economy*, *philosophy*, dans ce cas, la terminaison -y se transforme en-ie, c'est-à-dire les suffixes -gy, -my, -phy de l'anglais sont équivalents aux suffixes -gie, -mie, -phie du français.

Nom de l'anglais	Processus analogique	Équivalent du français
analogy	gy : analogy = gie : X	X = analogie
anthropology	gy : anthropology = gie : X	X = anthropologie
biology	gy : biology = gie : X	X = biologie
geography	gy : geography = gie : X	X = géographie
neurology	gy : neurology = gie : X	X = neurologie
astronomy	my : astronomy = mie : X	X = astronomie
economy	my : economy = mie : X	X = économie
gastronomy	my : gastronomy = mie : X	X = gastronomie
philosophy	phy : philosophy = phie : X	X = philosophie

Tableau 14   Processus analogique

2) Avec les mots se terminant par le suffixe -ty comme *humanity*, *finality*, *nudity*, *quality*, le -y se transforme en -é, c'est-à-dire le suffixe -ty de l'anglais équivaut au suffixe -té du français.

Nom de l'anglais	Processus analogique	Équivalent du français
finality	ty : finality = té : X	X = finalité
humanity	ty : humanity = té : X	X = humanité
humidity	ty : humidity = té : X	X = humidité
identity	ty : identity = té : X	X = identité
mentality	ty : mentality = té : X	X = mentalité
nudity	ty : nudity = té : X	X = nudité
priority	ty : priority = té : X	X = priorité
quality	ty : quality = té : X	X = qualité
reality	ty : reality = té : X	X = réalité
sensibility	ty : sensibility = té : X	X = sensibilité
totality	ty : totality = té : X	X = totalité
univcrsity	ty : university = té : X	X = université

Tableau 15   Processus analogique

3) Avec les noms qui se terminent par -ary comme *missionary*, *anniversary*, *dictionary*, le -y se transforme en -ire, c'est-à-dire le suffixe -ary de l'anglais équivaut au suffixe -aire du français.

Nom de l'anglais	Processus analogique	Équivalent du français
actuary	ary : actuary = aire : X	X = actuaire
anniversary	ary : anniversary = aire : X	X = anniversaire
dictionary	ary : dictionary = aire : X	X = dictionnaire
glossary	ary : glossary = aire : X	X = glossaire
missionary	ary : missionary = aire : X	X = missionnaire
notary	ary : notary = aire : X	X = notaire
rosary	ary : rosary = aire : X	X = rosaire
secretary	ary : secretary = aire : X	X = secrétaire

Tableau 16   Processus analogique

Pour cette règle de transformation, il faut faire attention au redoublement de la lettre « n » dans les mots missionnaire et dictionnaire qui est en raison de la prononciation.

Il existe aussi des adjectifs anglais se terminant par -ary, comme *elementary*, *honorary*, *stationary*, *tributary*, la règle de transformation reste la même, et on obtient les équivalent français : élémentaire, honoraire, stationnaire et tributaire.

En plus des noms que l'on a présentés, on trouve aussi des noms anglais dont les équivalents français ne subissent aucune transformation morphologique, ce sont souvent des cas d'emprunt. Par exemple, nous avons les noms français qui sont empruntés de l'anglais : *justice*, *latitude*, *marketing*, *studio*, *wagon*, *warrant*, *week-end*, *yard*, *zigzag*; mais aussi les noms anglais qui sont empruntés du français : entrée, fiancé, déjà-vu, rendez-vous.

Ce genre de nomspeut facilement être compris et mémorisés dans l'apprentissage, mais concernant cette catégorie de mots, il faut prendre garde aux « faux-amis » (ou « faux amis »), dont la forme est semblable ou identique, mais dont le sens diverge. Nous en parlerons plus loin.

1.2   L'adjectif et l'adverbe

Dans la partie précédente, nous avons comparé les noms de la langue française et ceux de la langue anglaise, et nous constatons qu'ils partagent une certaine ressemblance, et parmi ces ressemblances, on trouve certaines règles suffixales. Ici, nous proposons une recherche unique pour les adverbes et adjectifs dans ces deux langues. Si nous étudions l'adjectif et l'adverbe ensemble, c'est parce qu'en examinant le suffixe, nous constatons que les adjectifs et les adverbes de ces deux langues sont extrêmement semblables :

Adjectif de l'anglais	Équivalent du français	Adjectif de l'anglais	Équivalent du français
abstract	abstrait	noble	noble
baroque	baroque	opposed	opposé
comfortable	confortable	popular	populaire
different	différent	qualified	qualifié
efficient	efficace	romantic	romantique
famous	fameux	similar	similaire
grand	grand	tentacular	tentaculaire
habitual	habituel	unique	unique
important	important	visible	visible
joyful	joyeux	warranted	warranté
kaleidoscopic	kaléidoscopique	xenophobic	xénophobe
labial	labial	zoologic	zoologique
matinal	matinal		

Tableau 17   Ressemblance des adjectifs du français et de l'anglais

Les adjectifs présentés dans ce tableau nous montrent la ressemblance entre l'anglais et le français, nous trouvons tout de suite une règle bien évidents de la transformation morphologique : le suffixe -ed de l'anglais se transforme en -é en français, dans ce tableau, nous avons《 opposed 》dont l'équivalent français est 《 opposé 》,《 qualified 》 dont l'équivalent français est 《 qualifié 》 et 《 warranted 》 dont l'équivalent français est 《 warranté 》. Comme le suffixe -ed de l'anglais et le suffixe -é du français constituent aussi la terminaison du participe passé des verbes réguliers, on peut aussi employer cette règle dans l'apprentissage du verbe dont nous allons parler plus loin. Mais nous proposons tout d'abord une analyse analogique des adjectifs de ces deux langues pour en trouver les règles de transformation.

1.2.1   La terminaison -ble

Les adjectifs avec le suffixe -ble sont assez nombreux, et nous constatons que les adjectifs de ce type sont presque morphologiquement identiques en anglais et en français, même s'il existe de petites modifications, qui ne donnent cependant pas de grandes difficultés aux apprenants pour comprendre les adjectifs français dont ils ont déjà acquis les équivalents de l'anglais. On peut énumérer de nombreux mots de ce type :

Adjectif de l'anglais	Équivalent du français	Adjectif de l'anglais	Équivalent du français
acceptable	acceptable	portable	portable
accessible	accessible	possible	possible
capable	capable	potable	potable
considerable	considérable	sensible	sensible
formidable	formidable	susceptible	susceptible
horrible	horrible	valable	valable
imitable	imitable	veritable	véritable
noble	noble	visible	visible

Tableau 18   Adjectifs morphologiquement identiques et quasi-identique

Avec ce tableau, on constate aussi qu'il est nécessaire d'ajouter à l'équivalent du français l'accent présent dans la prononciation, qui, parce qu'il est fréquent, devient assez facile à assimiler pour les apprenants.

Mais dans ce type d'adjectifs, il faut bien distinguer ceux qui ont une origine verbale. Par exemple, en anglais, on a l'adjectif « *eatable* » dont l'équivalent du français est « mangeable » : ce changement vient de la différence des verbes qui expriment l'idée de manger dans les deux langues (en anglais « *eat* » et en français « manger »). Mais comme ces deux adjectifs sont tous composés d'un radical verbal et du suffixe -able, si un apprenant qui a déjà appris le verbe 《 manger 》 rencontre le mot 《 mangeable 》, il peut tout de suite en deviner le sens.

La même chose a lieu avec les adjectifs d'origine substantivale. Par exemple, en anglais, on a l'adjectif 《 *reasonable* 》 dont l'équivalent du français est 《 raisonnable 》, ce changement vient de la différence des noms qui expriment le motif et la cause : en anglais 《 *reason* 》 et en français 《 raison 》. Les apprenants n'ont aucune difficulté à comprendre l'adjectif 《 raisonnable 》 s'ils ont des connaissances fondamentales de l'anglais, mais comme la différence entre ces deux noms n'est pas grande, il arrive souvent que les apprenants fassent des erreurs dans l'écrit.

1.2.2   La terminaison -al

En anglais, il y a un grand nombre d'adjectifs qui se terminent par -al. Ici, nous allons les classer en deux groupes en fonction de la règle de transformation qui permet de trouver leurs équivalents français.

Pour le premier groupe des adjectifs, la terminaison -al ne change pas, c'est-à-dire les adjectifs de ces deux langes sont morphologiquement identiques, on a des exemples :

Adjectif de l'anglais	Équivalent du français	Adjectif de l'anglais	Équivalent du français
causal	causal	royal	royal
fatal	fatal	total	total
general	général	tropical	tropical
mental	mental	zodiacal	zodiacal
normal	normal		

Tableau 19   Adjectifs morphologiquement identiques

Pour la plupart de ces adjectifs, comme *causal*, *fatal*, *mental*, *normal*, *royal*, *total*, *tropical* et *zodiacal*, il n'y a aucune modification d'une langue à l'autre (si ce n'est accentuelle).

Pour ce groupe d'adjectifs, la règle de transformation est que le suffixe -al ne change pas, mais que quelquefois, un changement du radical a lieu. Par exemple, en anglais, on a l'adjectif « *fundamental* », son équivalent du français est « fondamental », le radical français est fond- et non fund-. Ce changement vient toujours de la différence entre les verbes de ces deux langues (« fonder », en français ; « *fund* », en anglais).

Pour le deuxième groupe d'adjectifs, la terminaison -al se transforme en -el :

Adjectif de l'anglais	Processus analogique	Équivalent du français
actual	al : actual = el : X	X = actuel
factual	al : factual = el : X	X = factuel
intellectual	al : intellectual = el : X	X = intellectuel
natural	al : natural = el : X	X = naturel
real	al : real = el : X	X = réel
spiritual	al : spiritual = el : X	X = spirituel
virtual	al : virtual = el : X	X = virtuel

Tableau 20   Processus analogique

En plus de ces deux groupes, on trouve une petite quantité d'exceptions. Par exemple, l'adjectif anglais « *bilingual* » se termine aussi par la terminaison -al, mais son équivalent du français est « bilingue », l'enseignant doit souligner les exceptions dans le cours pour éviter l'analogie fautive.

1.2.3   La terminaison -ous

Pour les adjectifs anglais terminés en -ous, la règle générale de transformation est de remplacer le suffixe anglais -ous par le suffixe français -eux :

Adjectif de l'anglais	Processus analogique	Équivalent du français
cancerous	ous : cancerous = eux : X	X = cancéreux
dangerous	ous : dangerous = eux : X	X = dangereux
delicious	ous : delicious = eux : X	X = délicieux
fabulous	ous : fabulous = eux : X	X = fabuleux
luminous	ous : luminous = eux : X	X = lumineux
minutious	ous : minutious = eux : X	X = minutieux

Tableau 21   Processus analogique

À cette règle, on trouve aussi des exceptions. Par exemple, si l'on cherche l'équivalent français de l'adjectif anglais 《 *marvelous* 》, le suffixe -ous se transforme en -eux, mais le radical subit aussi un petit changement, son équivalent français est 《 merveilleux 》. Pour l'adjectif anglais 《 *sumptuous* 》 aussi, l'équivalent français est 《 somptueux 》, le suffixe -ous se transforme en -eux, mais la radical se modifie aussi. On ne peut pas expliquer la cause de ce changement, mais il faut souligner ces exceptions dans l'enseignement.

1.2.4   La terminaison -ly

Enfin, le casdes adverbes est plus rassurant. En anglais, presque tous les adverbes se terminent en -ly, et leurs équivalents du français se terminent en -ment. Mais avec cette règle, on doit faire attention à la lettre 《 e 》 muette qui peut apparaître devant le suffixe -ment et qui est très importante pour la prononciation des adverbes français.

Adverbe de l'anglais	Processus analogique	Équivalent du français
admirably	ly : admirably = ment : X	X = admirablement
brusquely	ly : brusquely = ment : X	X = brusquement
effectively	ly : effectively = ment : X	X = effectivement

tableau continu

Adverbe de l'anglais	Processus analogique	Équivalent du français
exactly	ly : exactly = ment : X	X = exactement
finally	ly : finally = ment : X	X = finalement
normally	ly : normally = ment : X	X = normalement
obscurely	ly : obscurely = ment : X	X = obscurément
relatively	ly : relatively = ment : X	X = relativement

Tableau 22   Processus analogique

Avec ces exemples, on peut dire que le suffixe -ly et le suffixe -ment sont les symboles des adverbes de ces deux langues. Mais dans la transformation, on trouve toujours des différences.

Tout d'abord, en anglais, le suffixe -ly suit un adjectif qui se termine soit par une voyelle soit par une consonne, mais en français, le suffixe -ment doit suivre un adjectif qui se termine par une voyelle.

Et puis, dans l'adverbe français « obscurément », il y a un accent qui est souvent oublié par les apprenants, et qu'il faut donc souligner dans l'enseignement.

Ayant analysé des adjectifs et des adverbes de ces deux langues, on constate que leur transformation est assez régulière. Par l'analyse analogique, on a obtenu des règles de transformation de l'anglais au français, que l'on peut utiliser pour aider les apprenants à mémoriser les mots. Mais il faut aussi souligner des exceptions à chaque règle pour éviter l'analogie fautive et les erreurs.

1.3   Le verbe

L'apprentissage des verbes reste la plus grande difficulté pour les apprenants de niveau débutant. En comparaison de celle de l'anglais, la conjugaison des verbes du français est plus compliquée, mais la terminaison des verbes à l'infinitif présent est beaucoup plus régulière. Et à partir de l'infinitif présent, on classe les verbes du français en trois groupes :

1) Le premier groupe contient les verbes qui se terminent en -er à l'infinitif présent, sauf le verbe « aller » dont la conjugaison n'est pas régulière, et que l'on classe dans le troisième groupe.

aimer, baser, causer, dater, fabriquer, garer, jeter, limiter, mêler, noter, opposer, penser, quitter, ramasser, saler, trancher, etc.

2) Le deuxième groupe contient les verbes qui se terminent en -ir à l'infinitif présent et en -issant au participe présent.

aboutir, bénir, compatir, déguerpir, fleurir, grandir, guérir, haïr, investir, polir, rougir, salir, etc.

3) Le troisième groupe contient tous les autres verbes dont la conjugaison est irrégulière, les terminaisons -oir, -ir, -re sont fréquentes parmi les verbes de ce groupe.

avoir, boire, conduire, dormir, exclure, faire, fuir, mettre, mourir, offrir, prendre, rendre, savoir, tenir, etc.

En français, on a deux auxiliaires : être et avoir, qui sont utilisés pour construire certains temps du passé.

En anglais, on ne peut pas classer les verbes selon leur terminaison, mais on peut tout de même distinguer deux catégories :

1) Les auxiliaires

be, have, do, et les auxiliaires de modalité : can (could), may (might), must, shall (should), will (would), need, etc.

2) Les verbes ordinaires (tous les autres)

Si l'apprentissage des verbes français présente une grande difficulté pour les apprenants de niveau débutant, c'est parce que la conjugaison des verbes français est extrêmement complexe. Chaque verbe est conjugué en fonction du sujet, du temps et du mode. Quand on apprend les verbes dans un cours de français, on commence généralement par l'infinitif des verbes, après avoir compris et mémorisé les verbes à l'infinitif, on s'occupe de leur conjugaison. Nous proposons donc une analyse analogique des verbes à l'infinitif de ces deux langues pour faciliter la première étape de l'apprentissage.

Quand on observe la classification des verbes de ces deux langues, on constate qu'ils n'ont pas de points communs. On peut comparer tout d'abord des verbes très usités de ces deux langues.

Verbe de l'anglais	Équivalent du français	Verbe de l'anglais	Équivalent du français
be	être	listen	écouter
catch	attraper	miss	manquer
draw	dessiner	open	ouvrir
enjoy	bénéficier	play	jouer
find	trouver	run	courir
get	obtenir	sing	chanter
have	avoir	talk	parler
jump	sauter	walk	promener
keep	garder	want	vouloir

Tableau 23   Différences des verbes du français et de l'anglais

En comparant les verbes les plus utilisés dans ces deux langues, on ne trouve aucun point commun, on peut alors penser que les connaissances sur les verbes anglais ne peuvent pas aider les apprenants dans l'apprentissage des verbes français. En fait, les verbes anglais que l'on a énumérés dans le tableau sont trop simples，et les élèves qui apprennent l'anglais depuis longtemps，surtout les étudiants qui doivent passer un examen d'anglais pour obtenir leur diplôme，possèdent une bonne connaissance de la langue anglaise : ils maîtrisent aussi des verbes anglais beaucoup plus complexes，que l'on peut comparer avec leur équivalent français.

Verbe de l'anglais	Équivalent du français	Verbe de l'anglais	Équivalent du français
abandon	abandonner	notify	notifier
copy	copier	ossify	ossifier
dance	danser	punish	punir
form	former	qualify	qualifier
grave	graver	refuse	refuser
harmonize	harmoniser	symbolize	symboliser
irritate	irriter	test	tester
lave	laver	unify	unifier
motivate	motiver	vitrify	vitrifier

Tableau 24 Ressemblance des verbes du français et de l'anglais

En observant les verbes relevés dans ce tableau，on trouve une ressemblance entre les deux langues，et à travers cette ressemblance，on peut toujours conclure des règles concernant la transformation de la terminaison. Nous proposons donc une analyse analogique comme on l'a fait pour les noms，les adjectifs et les adverbes de ces deux langues.

1.3.1 La terminaison -e

La terminaison -e des verbes anglais se transforme en -er en français. Le suffixe -e des verbes anglais est équivalent au suffixe -er des verbes français，comme on le voit dans le tableau ci-dessous :

Verbe de l'anglais	Processus analogique	Verbe du français
compare	e : compare = er : X	X = comparer
expose	e : expose = er : X	X = exposer
grave	e : grave = er : X	X = graver
impulse	e : impulse = er : X	X = impulser
lave	e : lave = er : X	X = laver
observe	e : observe = er : X	X = observer

Tableau 25   Processus analogique

Selon les exemples que l'on a cités dans le tableau, la transformation de -e en -er peut être considérée comme une règle, ces équivalents français étant tous des verbe du premier groupe.

1.3.2   La terminaison -ize

Les équivalents français des verbes anglais en -ize ont une terminaison en -iser : le suffixe -ize de l'anglais est l'équivalent du suffixe -iser du français.

Verbe de l'anglais	Processus analogique	Équivalent du français
harmonize	ize : harmonize = iser : X	X = harmoniser
immunize	ize : immunize = iser : X	X = immuniser
modernize	ize : modernize = iser : X	X = moderniser
particularize	ize : particulize = iser : X	X = particuliser
polarize	ize : polarize = iser : X	X = polariser
specialize	ize : specialize = iser : X	X = spécialiser
symbolize	ize : symbolize = iser : X	X = symboliser
vaporize	ize : vaporize = iser : X	X = vaporiser
characterize	ize : characterize = iser : X	X = caractériser

Tableau 26   Processus analogique

Dans ce tableau, on a des exemples à partir desquels on a conclu cette règle : le suffixe -ize de l'anglais se transforme en -iser en français. Au dernier rang du tableau, nous avons ajouté le verbe « *characterize* » et son équivalent du français « caractériser », mais en fait, cette transformation ne suit pas strictement cette règle, parce que l'on a aussi éliminé la lettre « h ». Cet exemple permet donc aux apprenants de retenir qu'en anglais, la lettre « h » ne se prononce pas toujours.

Pout cette règle, on trouve aussi des exceptions. Par exemple, le verbe anglais « *patronize* » a pour équivalent français « patronner », le verbe anglais « *aggrandize* » a pour équivalent français « agrandir », le verbe anglais « *homogenize* » a pour équivalent français « homogénéiser », etc. L'enseignant doit souligner ces exceptions dans l'enseignement pour éviter toute analogie fautive.

1.3.3　La terminaison -ate

En faisant l'analyse analogique entre les verbes anglais qui se terminent en -ate et leur équivalent français, on peut conclure une règle de transformation : le suffixe -ate de l'anglais est l'équivalent du suffixe -er du français, comme le montre le tableau suivant :

Verbe de l'anglais	Processus analogique	Équivalent du français
animate	ate : animate = er : X	X = animer
cultivate	ate : cultivate = er : X	X = cultiver
dictate	ate : dictate = er : X	X = dicter
dominate	ate : dominate = er : X	X = dominer
elaborate	ate : elaborate = er : X	X = élaborer
facilitate	ate : facilitate = er : X	X = faciliter
irritate	ate : irritate = er : X	X = irriter
motivate	ate : motivate = er : X	X = motiver
terminate	ate : terminate = er : X	X = terminer
tolerate	ate : tolerate = er : X	X = tolérer
violate	ate : violate = er : X	X = violer

Tableau 27　Processus analogique

Avec cette règle, il sera plus facile pour les apprenants de comprendre et de mémoriser les verbes français. En consultant le dictionnaire, on trouve d'autre verbes anglais qui se terminent en -ate, qui en français subissent une autre modification : par exemple, le verbe anglais « *educate* » a pour équivalent français « éduquer ». Dans cette transformation, un accent apparît et le groupe « qu » remplace le « c », ce changement découle d'une règle de prononciation du français. Alors pour parfaire cette règle, on ajoute une règle supplémentaire : le suffixe -cate de l'anglais égale le suffixe -quer du français :

Verbe de l'anglais	Processus analogique	Équivalent du français
abdicate	cate : abdicate = quer : X	X = abdiquer
indicate	cate : indicate = quer : X	X = indiquer
intricate	cate : intricate = quer : X	X = intriquer
sophisticate	cate : sophisticate = quer : X	X = sophistiquer

Tableau 28   Processus analogique

1.3.4   La terminaison -ish

Les équivalents français des verbes anglais en -ish ont toujours une terminaison en -ir. Le suffixe -ish de l'anglais équivaut au suffixe -ir du français, comme le montrent les exemples suivants :

Verbe de l'anglais	Processus analogique	Équivalent du français
abolish	ish : abolish = ir : X	X = abolir
accomplish	ish : accomplish = ir : X	X = accomplir
demolish	ish : demolish = ir : X	X = démolir
embellish	ish : embellish = ir : X	X = embellir
polish	ish : polish = ir : X	X = polir
punish	ish : punish = ir : X	X = punir

Tableau 29   Processus analogique

Pour ce groupe de verbes, la transformation est plutôt régulière, les équivalent du français des verbes anglais terminés en -ish appartiennent au deuxième groupe des verbes français dont la conjugaison est régulière.

1.3.5　La terminaison -y

Les équivalents français des verbes anglais en -y ont une terminaison en -ier. Le suffixe -y de l'anglais est l'équivalent du suffixe -ier du français, d'où les exemples suivants :

Verbe de l'anglais	Processus analogique	Équivalent du français
classify	y : classify = ier : X	X = classifier
copy	y : copy = ier : X	X = copier
edify	y : edify = ier : X	X = édifier
notify	y : notify = ier : X	X = notifier
ossify	y : ossify = ier : X	X = ossifier
pacify	y : pacify = ier : X	X = pacifier
putrify	y : putrify = ier : X	X = putrifier
qualify	y : qualify = ier : X	X = qualifier
unify	y : unify = ier : X	X = unifier

Tableau 30　Processus analogique

Les règles de transformation de l'anglais au français sont nombreuses, et nous ne les citerons pas toutes ici. Dans l'enseignement du vocabulaire du français, on peut expliquer ces règles que l'on a tirées aux apprenants pour les aider à mieux comprendre et mémoriser les mots, avec les connaissances du vocabulaire de l'anglais qu'ils ont déjà acquises, l'apprentissage du français peut devenir plus simple.

Comme nous l'avons déjà dit plus haut, pour chaque règle, il y a des exceptions, que l'enseignant doit souligner les exceptions pour éviter une analogie fautive. En fait, dans le processus de l'enseignement, il faut faire attention non seulement aux exceptions de chaque règle, mais aussi aux pièges des faux-amis franco-anglais qui provoquent le plus souvent une analogie fautive.

2   Analogie fautive et faux-amis

Si l'on fait l'analogie entre le vocabulaire français et le vocabulaire anglais, c'est parce que l'on trouve des mots qui se ressemblent et qui sont même parfois identiques, mais il en existe aussi quelques uns qui ont des sens tout à fait différents. Alors, il arrive souvent que les apprenants produisent des analogies fautives à cause des pièges des faux-amis franco-anglais.

Mais qu'est-ce qu'un faux-ami ? Pourquoi y a-t-il des faux-amis ? Qu'est-ce que l'on fait avec des faux-amis ? Quelle est leur influence sur l'apprentissage du français ? Toutes ces questions méritent d'être traitées.

Tout d'abord, il faut savoir d'où vient le terme 《 faux-ami 》(ou 《 faux ami 》). 《 Le vocable " faux ami " a été introduit par Maxime Koessler et Jules Derocquigny, en 1928, dans leur ouvrage : Les faux amis ou les pièges du vocabulaire anglais. Auparavant, en 1923, dans Les Traquenards de la version anglaise, Veslot et Banchet avaient utilisé le terme de "mots-sosies". [...] Le terme faux ami est une métaphore animiste qui entretient une fausse perception du problème. Koessler et Derocquigny en donnent en fait une description fine dans leur préface. Mais cette appellation fait maintenant partie des terminologies de la didactique et du comparatisme ; elle a de plus le mérite de mettre en garde.[1] 》

On peut alors en donner la définition suivante : 《 Deux termes, même identiques en apparence, appartenant à deux systèmes linguistiques différents, ne peuvent avoir la même valeur.[2] 》 En bref, les faux amis sont des mots qui

---

[1]   BALLARD M., WECKSTEEN C., *Les Faux Amis en anglais*, Paris : Ellipses, 2005, p. 7.

[2]   BALLARD M., *La Traduction de l'anglais au français*, Paris : Nathan, 1987, p. 31.

ont une grande similitude de forme, mais dont le sens diffère. On rencontre souvent le problème des faux-amis dans des études qui concernent le couple anglais-français.

Dans l'apprentissage du français, les élèves rencontrent souvent des mots anglais qui ressemblent beaucoup à certains mots français, et qu'ils trouvent alors très faciles à comprendre. Mais en fait, ces mots anglais n'ont pas le même sens que les mots français, c'est une ressemblance trompeuse, et la compréhension devient même plus difficile. Par exemple, certains étudiants ne comprennent pas la phrase suivante :

Il a passé cinq ans au collège et à l'Université.

Un étudiant a demandé s'il y a une différence entre le système éducatif français et celui du Royaume Uni et si oui, quelle est la différence entre le collège et l'université.

Le mot anglais《 *college* 》et le mot français《 collège 》sont des faux-amis, ils entretiennent une ressemblance trompeuse. En anglais, le《 *college* 》renvoie à l'université, à un établissement d'enseignement supérieur et de recherche, mais en français, le《 collège 》désigne un établissement d'enseignement de premier cycle du second degré, c'est-à-dire le《 *secondary school* 》en anglais ou le《 *high school* 》en américain. 《 L'existence de ces ressemblances trompeuses entre signes d'une même langue ou de deux langues différentes peut générer des interférences chez un individu non averti, fatigué ou inattentif.[①] 》

En comparant le vocabulaire de ces deux langues, on trouve beaucoup de faux-amis entre l'anglais et le français, mais pourquoi existent-ils ?

Parfois, il ne s'agit que d'un hasard, d'une coïncidence, par exemple, la ressemblance entre le mot anglais《 *axe* 》qui vaut dire une hache et le mot français《 axe 》signifiant la ligne imaginaire qui passe par le centre de la plus

---

① BALLARD M., WECKSTEEN C., *Les Faux Amis en anglais*, op. cit., p. 10.

grande dimension d'une chose n'ont aucune origine commune.

Mais dans un grand nombre d'autres cas, les faux-amis sont bien reliés. L'anglais a subi une grande influence du français, à la suite de l'invasion normande. Mais depuis près de mille ans, les mots communs de ces deux langues ont eu une évolution différente des lexèmes, ce qui a donné aux mots d'origine commune une occasion d'acquérir des sens nouveaux. Ici, on cite un exemple donné par M. Ballard dans son livre *Les Faux Amis* :

《 Par exemple, le mot anglais "*viands*" et le mot français "viande" ont pour origine commune le mot latin "*vivenda*" qui devint "*vivanda*" en latin médiéval et qui signifiait "ce qui sert à la vie", c'est-à-dire la nourriture. Le terme "*viands*" (aujourd'hui vieille) a conservé ce sens en angalais, son homonyme français a conservé ce sens jusqu'au XVIIe siècle, tandis qu'à partir du XVIe siècle se greffait le sens actuel de "chair de mammifères et d'oiseaux dont on se nourrit". Parallèlement le terme d'origine saxonne "*meat*" suivait une évolution analogue à "viande" en français, servant à désigner à la fois "les aliments" et "la chair animale" puis exclusivement "la viande".[1] 》

Quand on parle des faux-amis, il s'agit ici des signes de l'anglais et du français dont les signifiants sont semblables ou même identiques et dont les signifiés diffèrent. Mais cette différence des signifiés peut être partielle ou complète, alors, il s'agit des faux-amis partiels et des faux-amis complets.

Les faux-amis complets sont des mots dont les significations sont complètement différentes, comme le mot 《 axe 》 de l'anglais et le mot 《 axe 》 du français. Les faux-amis de cette catégorie sont moins nombreux, mais les étudiants font quand même des erreurs du type :

La case est fermée.

---

[1]   BALLARD M., WECKSTEEN C., *Les Faux Amis en anglais*, *op. cit.*, p. 11.

Cette phrase est construite à partir de l'anglais : « *The case is closed.* », c'est-à-dire on a finalement un résultat pour cette affaire. Mais en français, le mot « *case* » désigne une habitation traditionnelle construite avec des matériaux naturels.

Les faux-amis partiels sont plus nombreux et cette catégorie est plus difficile à maîtriser pour les apprenants, parce que les mots ont à la fois des sens équivalents et des sens différents. Par exemple, l'équivalent français du mot anglais « *figure* », dans le syntagme « *figure of speech* », est bien « figure », et on peut dire « figure de discours ». Les deux expressions ont le même sens : une manière d'écrire ou de parler qui suit un modèle rhétorique répertorié. Mais dans le syntagme « *the figures of unemployment* », l'équivalent français est « chiffre ».

Avec ces exemples, on constate que par manque d'attention, on peut facilement confondre un mot anglais avec un mot français qui lui ressemble.

Il arrive que les apprenants, du fait même des règles dégagées plus haut, relient le mot anglais « *eventual* » et le mot français « *éventuel* », selon le modèle qui dit que le suffixe -al de l'anglais équivaut au suffixe -el du français. Ils réalisent donc l'analogie suivante :

al : eventual = el : X

X = éventuel

Mais en fait, « *eventual* » est utilisé pour décrire quelque chose qui est final ou définitif, alors qu' « éventuel » exprime une possibilité. Ces deux mots n'ont pas le même sens, l'analogie est donc fautive.

On peut donner un autre exemple de l'analogie fautive, construit conformément à la règle selon laquelle le suffixe verbal -e de l'anglais est l'équivalent du suffixe -er du français :

e : propose = er : X

X = proposer

Ces deux verbes sont des faux-amis partiels, ils signifient tous deux « demander » ou « suggérer à quelqu'un de faire quelque chose », mais le verbe anglais « *propose* » peut vouloir dire, plus spécifiquement, « demander en mariage », ce qui n'est pas le cas du verbe français « proposer ». D'où cette phrase trouvée dans le devoir d'un étudiant :

Paul a proposé à Marie, elle a dit oui.

On ne comprend pas tout de suite cette phrase, parce que l'on ne sait pas ce que Paul a proposé, la phrase paraît incomplète. Mais on comprend rapidement l'erreur commise : l'étudiant a fait une analogie fautive entre « *propose* » et « *proposer* ».

La ressemblance trompeuse est l'origine des erreurs et de l'incompréhension. Il faut donc éviter de tomber dans les pièges des faux amis franco-anglais qui gênent sans doute l'apprentissage.

Pour mieux utiliser l'analogie dans l'enseignement du français, il faut que les apprenants possèdent une bonne connaissance de la langue anglaise avant d'apprendre le français, parce que la meilleure est leur connaissance linguistique, moins il est probable qu'ils se trouvent perdus dans les pièges des faux-amis. Si leurs connaissances sur le vocabulaire anglais sont suffisantes, ils reconnaissent plus facilement les faux-amis.

D'autre part, c'est l'enseignant qui doit souligner la différence des sens des faux-amis partiels dans l'enseignement. Selon nos expériences, il arrive plus souvent que les élèves de niveau débutant tombent dans les pièges des faux-amis. L'enseignant doit donc comprendre tout d'abord pourquoi les élèves font des erreurs pour leur exposer ensuite la différence entre les faux-amis.

3   Conclusion

Comme une bonne compétence lexicale est très importante dans l'apprentissage des langues étrangères, on doit trouver une bonne méthode pour former les apprenants à cette compétence. Dans nos recherches, nous avons constaté que l'on peut effectivement appliquer l'analogie dans l'enseignement du vocabulaire français, parce que la ressemblance entre la langue anglaise et la langue française est bien évidente dans le lexique : si l'on examine un peu le vocabulaire de ces deux langues, on peut constater qu'un grand nombre de mots ont presque la même orthographe. Alors on peut se servir de cette ressemblance entre le français et l'anglais afin de rendre l'enseignement efficace et faciliter l'apprentissage, en appliquant la méthode analogique.

Avant tout, il faut savoir que la bonne connaissance de la langue anglaise joue un rôle important dans l'analyse analogique, et tout ce dont nous parlons ici est basé sur cette bonne connaissance. Les apprenants doivent utiliser les connaissances qu'ils ont déjà acquises dans la résolution de nouveaux problèmes ou dans l'apprentissage de nouvelles connaissances.

Chapitre 6

Enseigner la structure syntaxique par analogie

Il est difficile de séparer l'apprentissage lexical de l'apprentissage syntaxique, car c'est à partir du lexique que s'organise la syntaxe. Avec des mots ou des morphèmes, on compose la phrase qui est l'unité maximale traditionnelle de la description syntaxique. Quand on construit une phrase, il faut suivre des règles qui permettent de former des énoncés compréhensibles, et la syntaxe regroupe l'ensemble de ces règles. Alors dans un cours de français pour les apprenants de niveau débutant, l'enseignement de la syntaxe est une partie importante et difficile de l'apprentissage et de l'enseignement.

Les apprenants ont l'habitude de construire leurs phrases françaises en traduisant ce qu'ils ont énoncé en chinois. Malgré le fait qu'éducateurs et professeurs encouragent les apprenants à penser en français, cette habitude étant formée depuis longtemps, il est difficile de la changer. Alors dans l'enseignement de la structure syntaxique du français, l'influence de la syntaxe chinoise est non-négligeable : on peut alors comparer les deux structures pour en dégager les relations et différences utiles à l'apprentissage du français.

Quant à l'anglais, il peut servir de langue-outil. En comparant les syntaxes française et chinoise, il est rare que l'on trouve des similarités ; en tentant d'expliquer une phrase française en la comparant avec la structure syntaxique chinoise, on rencontre des difficultés, et il est parfois quasi impossibles de faire comprendre aux apprenants les différences entre les deux langues. Mais en faisant une analogie avec l'anglais, l'enseignement devient plus facile.

La difficulté la plus importante pour les apprenants chinois est le verbe, « le noyau syntaxique et sémantique de la proposition, qui lui donne un ancrage pragmatique par les marques morphologiques de personne, de temps, de mode et d'aspect[①]. » Mais en chinois, dans des phrases à prédicat nominal et à prédicat adjectival, le verbe peut être éliminé, et la phrase paraît même un peu anormale si l'on ne l'élimine pas. Prenons par exemple une phrase à prédicat nominal :

今天星期三。

Nous sommes mercredi aujourd'hui.

Si l'on traduit cette phrase chinoise mot à mot en français, il n'y a pas de verbe. En ajoutant un verbe à cette phrase, on a :

今天是星期三。

Nous sommes mercredi aujourd'hui.

Cette phrase chinoise est grammaticalement correcte, mais très peu en usage. Cependant, dans une phrase interrogative ou négative, le verbe est obligatoire :

今天不是星期三。

Nous ne sommes pas mercredi aujourd'hui.

今天是星期三吗 ?

Est-ce que nous sommes mercredi aujourd'hui ?

Considérons maintenant cette phrase à prédicat adjectival :

① Gardes-Tamine J., *La Grammaire : 2. Syntaxe*, Paris : Armand Colin Éditeur, 2010, p. 95.

您母亲很好客。

Votre mère est très hospitalière.

Dans cette phrase, l'adverbe et l'adjectif servent de prédicat, il n'y a pas le verbe.

Avec ces exemples, on constate que en chinois le verbe n'est pas toujours nécessaire dans l'énoncé : les locuteurs chinois rencontrent donc des difficultés dans l'apprentissage de la structure syntaxique des langues étrangères, surtout du français, où le verbe se conjugue selon la personne, le mode, l'aspect et le temps.

Mais pour les apprenants qui ont une bonne connaissance de la syntaxe anglaise, l'importance du verbe peut être acceptée, et cette connaissance peut avoir une influence positive sur l'apprentissage de la structure syntaxique du français.

Dans ce chapitre, nous allons essayer de résoudre des problèmes que les apprenants ont rencontrés grâce l'application de l'analogie, principalement entre l'anglais et le français.

La syntaxe anglaise distingue trois structures phrastiques : les phrases simples, les phrases à coordination, et les phrases à subordination. En français, on ne retient que deux catégories : les phrases simples et les phrases complexes (dont les deux sous-catégories sont la coordination et la subordination). Pour faciliter la comparaison, l'analyse analogique sera faite selon la classification des phrases françaises.

1　Les phrases simples

L'enseignement de la structure syntaxique commence toujours par les phrases simples qui ne contiennent qu'un seul verbe conjugué. Les phrases simples ont 5 constructions fondamentales :

1) SV(sujet + verbe)

他	跑。
Il	court.
He	runs.

2) SVC(sujet + verbe + complément)

地球	是	一个	星球。
La terre	est	une	planète.
The earth	is	a	planet.

3) SVO(sujet + verbe + complément d'objet)

我	说	法语。
Je	parle	français.
I	speak	French.

4) SVOO(sujet + verbe + complément d'objet + complément d'objet second)

我	给	妹妹	一份	礼物。
Je	donne	à ma sœur	un	cadeau.
I	give	my sister	a	gift.

5) SVOC(sujet + verbe + complement d'objet + complément)

我	叫	朋友们	离开。
Je	demande	à mes amis	de partir.
I	ask	my friends	to leave.

Même si ces phrases s'appellent « simple », les enseigner n'est pas un travail simple. Nous allons donc analyser quelques exemples pour expliquer comment appliquer l'analogie dans l'enseignement des phrases.

1.1   Les phrases à double complément

La structure de double complément est une structure fondamentale du langage, elle existe en français, en anglais ainsi qu'en chinois.

Les phrases à double complément sont assez simples à maîtriser, quand on les trouve dans un texte, les apprenants n'ont pas de difficulté à les comprendre et à les traduire en chinois. Par exemple :

①Il a demandé l'heure à son professeur.

②J'apporte à mon frère un petit cadeau.

③Nous offrons à notre secrétaire un bouquet de fleurs.

④Mon ami prête un livre à son cousin.

Mais si l'on demande aux apprenants deconstruire une phrase avec les verbes « demander », « apporter », « présenter », « montrer », il arrive qu'ils ne puissent pas distinguer le COD et le COI et qu'ils produisent les phrases suivantes :

①Il a demandé son professeur l'heure.

②J'apporte mon frère un petit cadeau.

③Nous offrons notre secrétaire un bouquet de fleurs.

④Mon ami prête son cousin un livre.

L'origine de cette erreur est une analogie fautive avec le chinois, puisqu'en chinois, on compose les phrases comme suit :

119

①他	问	老师	时间。	
Il	demander	professeur	l'heure.	
②我	带给	哥哥	一个	小礼物。
Je	apporter	frère	un	petit cadeau.
③我们	送给	秘书	一束花。	
Nous	offrir	secrétaire	un bouquet de fleurs.	
④我朋友	借给	他表哥	一本书。	
Mon ami	prêter	son cousin	un livre.	

En examinant ces phrases, on trouveune similarité syntaxique entre ces deux langues : quand les deux compléments d'objet sont des noms, ils se trouvent après le verbe prédicatif, mais la différence est plus importante qu'il n'y paraît d'abord :

1) En français, il faut une préposition pour relier le COI au verbe.

2) En chinois, l'ordre des compléments est fixe, mais en français, la position du COD et du COI est interchangeable.

Le problème est que les apprenants ne parviennent pas à distinguer le COD et le COI parce qu'en chinois, il n'est pas nécessaire de les distinguer et il n'y a pas de différence entre les deux dans les énoncés. Par exemple :

他	问	老师	时间。
Il	demander	professeur	l'heure.

Si l'on demande aux apprenants quel est le COD dans cette phrase, ils pensent généralement que c'est « le professeur » qui est le COD parce qu'il est plus proche du verbe. De plus, ils pensent que « le professeur » est la personne qui subit directement l'action « demander » et qui doit lui répondre, quant à « l'heure », puisque cela concerne le contenu, ce doit être le COI. C'est une mode de pensée tout à fait propre au chinois.

Nous proposons alors d'intégrer l'anglais à la comparaison, pour tenter de faciliter l'explication.

Pour bien expliquer la structure syntaxique en jeu ici, il faut en fait donner deux équivalents anglais pour les quatre phrases que l'on a citées plus haut :

① He asks his teacher the time.

He asks the time to his teacher.

② I bring my brother a small gift.

I bring a small gift to my brother.

③ We give our secretary a bouquet of flowers.

We give a bouquet of flowers to our secretary.

④ My friend lends his cousin a book.

My friend lends a book to his cousin.

Dans ces phrases anglaises, on constate que la place du COI et du COD est très important, si l'on met le COI derrière le verbe, le prédicat et devant le COD, on n'a pas besoin d'ajouter la préposition. Mais quand on met le COI derrière le COD, la préposition « to » est obligatoire. Cette différence peut aider les apprenants à distinguer le COD et le COI. On peut alors proposer une analogie entre l'anglais et le français pour expliquer la distinction du COD et du COI : en anglais, le COD est le complément qui, quelle que soit sa place, n'appelle pas de préposition, et l'autre complément est le COI.

He asks the time to his teacher : to his teacher (COI) = Il demande l'heure à son professeur : X

X = à son professeur

Les apprenants comprennent que « son professeur » est le COI de la phrase, et que « l'heure » est le COD. Il faut ensuite expliquer aux apprenants que la préposition qui précède le COD est obligatoire en français pour éviter qu'ils fassent une analogie fautive avec l'anglais concernant l'ordre des compléments.

Sachant distinguer le COD et le COI，les apprenants ont moins de mal avec les pronoms personnel COD et COI.

Quand le COD et le COI sont remplacés par un pronom，on ne trouve aucune similarité en comparant avec l'anglais，on ne peut pas appliquer l'analogie dans l'enseignement，mais on peut tenter d'expliciter les différences entre le chinois et le français.

En chinois，quand le COD et le COI consistent en un pronom et un nom ou des autres éléments，on place le pronom derrière le verbe，le prédicat. Dans les exemples suivants，le COI est pronominal ：

> 我借他两本书。
> Je lui prête deux livres.
> 他偷了你两张信用卡。
> Il t'a volé deux cartes de crédit.

Avec ces exemples，on constate que les compléments substantivaux se trouvent toujours derrière le prédicat et que l'ordre des compléments est fixe. C'est la même chose pour l'anglais ：

> I lend him two books.

En revanche，en français，les pronoms COD et COI se placent devant le verbe concerné. Dans l'enseignement，on doit souligner que c'est devant le verbe concerné que l'on place les pronoms COD et COI，parce que les apprenants ont tendance à les placer devant le prédicat ：

> Je vous vais montrer mon permis de conduire.

On doit leur expliquer que 《 vais 》 est l'auxiliaire qui exprime le futur，《 montrer 》 est le verbe qui a relation avec 《 vous 》 et 《 mon permis de conduire 》. La phrase correcte est donc :

　　　　Je vais vous montrer mon permis de conduire.

　　Il faut aussi expliquer qu'avec le passé composé, l'auxiliaire et le participe passé composent le verbe concerné, on les considère comme un ensemble, alors le pronom se place devant l'auxiliaire :

　　　　Je vous ai montré mon permis de conduire.

　　En chinois, on a un genre de phrase dans laquelle le complément d'objet estplacé devant le prédicat : c'est la phrase qui fait apparaître le syntagme《 把 》 du chinois signifiant 《 disposer 》. Dans une phrase à double complément, le syntagme《 把 》 précède le COI qui peut être mis devant le prédicat.

我	把	这本小说	还给	图书馆。
Je	(syntagme)	ce roman	rendre	bibliothèque.

　　Je rends ce roman à la bibliothèque.

　　On peut remplacer《 这本小说 》par un pronom《 它 》, alors on a la phrase suivante :

我	把	它	还给	图书馆。
Je	(syntagme)	il/le	rendre	bibliothèque.

　　Je le rends à la bibliothèque.

　　Quand nous expliquons l'antéposition du COI et du COD aux apprenants, ils la trouvent très difficile à comprendre, parce qu'ils n'ont jamais rencontré un tel cas en anglais. Mais quand on fait une analogie avec la phrase en 《 把 》 du chinois, ils peuvent plus facilement saisir cette antéposition.

123

Mais il faut aussi expliquer la différence entre l'antéposition du COI et du COD du français et l'antéposition du COD dans la phrase en 《 把 》 : en français, c'est le pronom qui doit être placé devant le verbe concerné, si le COI et le COD sont des noms, ils se placent derrière le verbe ; mais en chinois, quand le COD est introduit par le syntagme 《 把 》, il se trouve toujours devant le prédicat.

Enfin, il faut évoquer l'omission du pronom. En chinois, dans une phrase à double complément d'objet, selon le contexte, les deux genres complément d'objet peuvent être tous omis, alors qu'en français, cela ne concerne que le pronom COI.

Pour l'enseignement des phrases à double complément, on peut proposer une analogie avec l'anglais ou le chinois selon le besoin, mais il faut aussi souligner les différences entre ces langues, pour éviter toute influence négative de l'analogie sur l'apprantissage.

1.2 Les phrases du type 《 il y a 》

Les phrases du type 《 il y a 》 peuvent être utilisées pour décrire la circonstance de l'existence, de l'apparition, de la disparition ou du changement. L'enseignement de ces phrases impique un changement des habitudes linguistiques des apprenants chinois.

La structure syntaxique de ce genre de phrases en chinois est très différente de celle du français. En chinois, la phrase est composée ainsi :

sujet + prédicat + complément d'objet

Par exemple, si l'on veut décrire la circonstance de l'existence, on a des phrases suivantes en chinois :

今晚有一部很好的电影。

Il y a un très bon film ce soir.

昨天有雾。

Hier, il y avait du brouillard.

桌子上有一本书。

Il y a un livre sur la table.

Dans les phrases chinoises, on utilise le verbe 《 有 》 pour exprimer l'existence, le syntagme qui précède le verbe peut être considéré comme le sujet ou le complément circonstanciel. Dans la première et la deuxièmes phrases, 《 今晚 》 et 《 昨天 》 sont les syntagmes qui expriment le temps, on les considère comme le complément circonstanciel, dans la troisième phrase, 《 桌子上 》 est le syntagme qui exprime le lieu, on le considère comme le sujet. Mais en français, tous les trois syntagmes sont des compléments circonstanciels, de temps pour les deux premiers, de lieu pour le troisième.

En comparant les phrasesen 《 il y a 》 du chinois et du français, la différence est bien évidente. En chinois, en tête de la phrase, on place les noms exprimant le lieu et l'heure qui s'emploient le plus souvent comme sujets et rarement comme compléments circonstanciels, tandis que ces syntagmes ne sont employés que comme compléments circonstanciels soit à la fin soit au début de phrases françaises, où la structure syntaxique est la suivante :

la forme 《 il y a 》 + complément d'objet + complément circonstanciel

Dans cette structure, le syntagme 《 il y a 》 se sert de prédicat pour composer une phrase impersonnelle.

Si l'on explique l'emploi du syntagme 《 il y a 》 aux apprenants chinois, une analogie avec la structure syntaxique de la phrase anglaise en 《 *there be* 》 peut beaucoup faciliter l'explication. La structure syntaxique de ce genre de phrases est composée ainsi :

la forme 《 *there be* 》 + complément d'objet + complément circonstanciel

La structure syntaxique est identique. Grâce à l'analogie avec l'anglais, on ne perd pas de temps sur l'explication des différences entre le français et le chinois. En chinois, le verbe ne change pas avec le temps, mais si l'on fait l'analogie avec l'anglais, tout devient facile à expliquer :

Today，there is a good movie.

Aujourd'hui，il y a un bon film.

Yesterday，there was a good movie.

Hier，il y avait un bon film.

Tomorrow，there will be a good movie.

Demain，il y aura un bon film.

Si l'on transpose ces trois phrases en chinois，le verbe 《 有 》 est fixe，c'est le sujet，ou le complément circonstanciel qui change pour exprimer la différence，il n'y a pas de changement du verbe selon le temps.

Malgré une grande similarité entre la structure syntaxique du français et celle de l'anglais，on ne peut pas dire que le syntagme 《 il y a 》 équivaut parfaitement au syntagme 《 there be 》. En faisant l'analogie avec le syntagme 《 there be 》，il faut aussi faire attention à l'accord du verbe. En anglais，le verbe 《 be 》 s'accord avec le complément d'objet，mais en français，le verbe 《 avoir 》 s'accord avec le sujet impersonnel 《 il 》.

There is a book on the table.

Il y a un livre sur la table.

There are two books on the table.

Il y a deux livres sur la table.

On doit souligner la différence entre ces deux structures syntaxiques pour éviter des erreurs causées par une analogie fautive.

Comme la structure syntaxique chinoise est assez éloignée de ce qui se passe en français et que l'on trouve une similarité évidente entre l'anglais et le français，alors une analogie entre le syntagme 《 there be 》 de l'anglais et le syntagme 《 il y a 》 peut aider les apprenants à comprendre et à bien employer cette structure syntaxique.

1.3   Les phrases à la voix passive

La voix passive est un phénomène linguistique commun au français, à l'anglais et au chinois. L'analyse de la voix passive est un sujet fréquent au sein des recherches linguistiques. Si les apprenants peuvent maîtriser correctement les similarités et les différences entre les réalisations de la voix passive de ces trois langues, l'acquisition des connaissances sur le passif en français et la communication interculturelle peuvent être beaucoup plus faciles. Nous allons donc comparer la structure syntaxique des phrases à la voix passive des ces trois langues pour trouver les similarités que l'on peut utiliser dans l'application de l'analogie et les différences que l'on doit expliquer aux apprenants pour éviter une analogie fautive.

1.3.1   Structure syntaxique de la voix passive

On commence par les phrases en chinois, déjà connues des apprenants.

(1) Le passif en chinois

En comparant avec le français et l'anglais, la phrase à la voix passive en chinoisparaît beaucoup plus complexe. Dans le chinois standard, le syntagme 《 被 》 est le signe de la phrase à la voix passive, il précède le complément d'agent, et généralement l'objet patient est placé en tête de la phrase. De nombreuses formes peuvent exprimer le passif, mais ici, nous ne citons que les trois plus fréquentes :

1) sujet ＋《 被 》＋ verbe (＋《 了 》)

这间公寓被卖了。

Cet appartement est vendu.

2) sujet ＋《 被 》＋ complément d'agent ＋ verbe (＋《 了 》)

这间公寓被房东卖了。

Cet appartement est vendu par le propriétaire.

3) sujet +《被》+ complément d'agent +《给》+ verbe（+《了》）

这间公寓被房东给卖了。

Cet appartement est vendu par le propriétaire.

Dans ces trois formes de phrases, le complément d'agent peut être un nom, un pronom ou un GN, le syntagme《被》peut être remplacé par《让》,《叫》, 《由》,《给》qui ont la même fonction dans une phrase à la voix passive （cependant, le syntagme《被》est courant à l'oral, les autres étant plutôt utilisés à l'écrit）.

（2）Le passif en anglais

Nous proposons ensuite une analyse de la structure syntaxique de la phrase à la voix passive en anglais, parce qu'avant d'apprendre le français, la plupart des apprenants chinois ont acquis une connaissance sur les phrases anglaise.

La majorité des phrases à la voix passive en anglais se construisent avec l'auxiliaire《 to be 》:

sujet +《 be 》+ participe passé（+《 by 》+ complément d'agent）

The wall was painted by the workers.

I was invited by my director.

Ici, le patient est l'objet ou la personne qui subit l'action, l'auxiliaire《 to be 》 introduit le verbe d'action, et la préposition《 by 》précède le complément d'agent（l'objet ou la personne qui réalise l'action）.《 by 》est la préposition la plus importante dans la construction passive de l'anglais, on trouve aussi la préposition《 of 》qui remplace《 by 》dans la littérature en vieil anglais et en moyen anglais, mais rarement en anglais moderne. En anglais contemporain,

《 *of* 》 est utilisé notamment derrière le participe passé des verbes qui indiquent la situation mentale comme 《 *beloved* 》, 《 *admired* 》 :

> She is beloved of all who know her.

Le verbe 《 *to get* 》 peut parfois être utilisé dans la construction de phrase à la voix passive :

sujet+ 《 *get* 》 + participe passé (+ 《 *by* 》 + complément d'agent)

> He got hit by his dad.
>
> I got kicked by a stranger.

Mais il existe une différence entre ces deux verbes, que Muller explique comme suit : 《 Le verbe to get permet ainsi de construire un passif d'action, à l'aspect non accompli, et s'opposant aux constructions en " être " qui ne distinguent pas le passif de l'accompli.[1] 》

(3) Le passif en français

《 La voix passive permet seulement de dissocier la construction verbale de l'expression de la relation premier actant-action verbale.[2] 》 En français, c'est le verbe 《 être 》 qui sert à cette fonction et sert d'auxiliaire du passif. La structure syntaxique de la phrase à la voix passive est composée des éléments suivants :

sujet + 《 être 》 + participe passé de verbe d'action + 《 par/de 》 + complément d'agent

Dans cette structure, le patient est l'objet qui subit l'action. Dans l'enseignement des phrases à la voix passive, on demande souvent aux apprenants de faire des exercices de transformation de phrases à la voix active

---

[1]　MULLER C., *Les Bases de la syntaxe : Syntaxe contrastive français-langues voisines*, Bordeaux : Presses Universitaires de Bordeaux, 2002, p. 257.

[2]　*Ibid.*, p. 226.

en phrases à la voix passive. Par exemple：

> Pierre mange le biscuit.
> → Le biscuit est mangé par Pierre.
> Elle a lavé la fenêtre hier.
> → La fenêtre a été lavée par elle hier.
> Jean envoie la lettre.
> → La lettre est envoyée par Jean.

Dans ces exercices de transformation，il faut faire attention au temps et à l'accord de participe passé avec le sujet. Dans le deuxième exemple，le participe passé 《 lavée 》 s'accorde avec le sujet, l'objet qui a subi l'action, 《 la fenêtre 》. Et comme la phrase à la voix active est au temps passé composé, l'auxiliaire 《 être 》 est au passé composé dans la phrase à la voix passive. Dans le troisième exemple aussi，le participe passé 《 envoyée 》 s'accorde avec le sujet 《 la lettre 》.

Comme dans les phrases à la voix passive en anglais, le complément d'agent est introduit par une préposition, en français, généralement, c'est la préposition 《 par 》 en français, qui précède le complément d'agent, on utilise la préposition 《 de 》 avec les verbes de sentiment ainsi qu'avec les verbes de description si le complément d'agent est inanimé：

> Elle est respectée de ses enfants.
> La table est décorée de fleurs.

En plus de cette structure fondamentale，il existe d'autres formes de construction du passif.

1) sujet + les verbes pronominaux de sens passif

Dans cette structure syntaxique，les verbes pronominaux sont toujours utilisés avec le sujet inanimé. Le sujet passif subit l'action sans l'accomplir lui-même. Généralement，l'agent est assez vague, et il n'est pas nécessaire de l'indiquer：

　　Ces livres se lisent facilement.

　　Ces robes se vendent bien.

　　Si l'on veut indiquer l'agent, on ne peut pas utiliser cette structure syntaxique.

　　Ces livres se lisent facilement par des enfants.

　　Ces robes se vendent bien par notre compagnie.

2) sujet + 《 se faire/se laisser 》 + verbe à l'infinitif

Dans cette structure syntaxique, le sujet passif est le patient et l'agent en même temps :

　　Les jeunes aiment se faire photographier

　　Ça se laisse manger.

　　Ici, 《 se faire 》 sert de semi-auxiliaire et forme la structure syntaxique de la phrase à la voix passive, mais il peut aussi fonctionner comme un verbe pronominal de sens passif :

　　La distribution se fait le matin.

　　C'est ce qui se fait chez nos voisins.

3) sujet + 《 se voir 》 + verbe à l'infinitif (+ 《 par 》 + le complément d'agent)

Dans cette structure syntaxique, le sujet passif est l'objet indirect de l'action du verbe complément. On peut indiquer le complément d'agent en le précédant de la préposition 《 par 》 :

Il s'est vu proposer un poste à l'étranger par la compagnie.

Elle s'est vu refuser le renouvellement de sa carte de séjour.

Ici, « se voir » sert de semi-auxiliaire qui forme la structure syntaxique de la phrase à la voix passive, mais il peut aussi fonctionner comme un verbe pronominal de sens passif :

Le clocher du village se voit de loin dans la plaine.

Il a peur et ça se voit.

1.3.2 Comparaison des phrases à la voix passive des trois langues concernée

Ayant examiné la structure syntaxique des phrases à la voix passive des trois langues, on peut entreprendre de les comparer pour trouver les similarités qui favorisent l'application de l'analogie dans l'enseignement et les différences que l'on doit souligner pour éviter une analogie fautive.

Tout d'abord, on compare les structures syntaxiques. Pour y voir plus clairement, considérons les exemples suivants :

爸爸被儿子骗了。

Le père a été trompé par son fils.

Father was cheated by his son.

Les trois phrases ont le même sens : le père est affecté par l'action de son fils. Quant à la structure syntaxique, les phrases à la voix passive en chinois sont assez éloignées de celles du français et de l'anglais : le complément d'agent qui est introduit par le syntagme « 被 » se place devant le verbe, alors qu'en anglais et en français, le patient se trouve en tête de la phrase, et le complément d'agent introduit par la préposition se place derrière le prédicat. Alors, dans l'enseignement des phrases françaises à la voix passive, on peut proposer une analogie avec l'anglais, l'auxiliaire « être » équivaut à « *to be* », la préposition « par » est l'équivalent à « *by* », et on obtient tout de suite la structure syntaxique du passif en français.

On peut en conclure que dans la formation de la voix passive, en anglais et en français, c'est le verbe qui est marqué par la morphologie passive, alors qu'en chinois, la voix passive est formée en ajoutant devant le complément d'agent un syntagme propre du passif : la morphologie verbale reste inchangée, et il n'y a pas besoin d'employer la construction auxiliaire + participe passé. La construction de la voix passive peut être soit synthétique soit périphrastique.

En anglais, la formation périphrastique la plus fréquente est la structure « *to be*» + participe passé. En plus de l'auxiliaire « *to be* », les syntagmes comme « *to get* », « *to become* », « *to go* » peuvent aussi servir d'auxiliaires de la voix passive. En français, quelques verbes pronominaux peuvent aussi exprimer le sens passif.

Mais est-ce que l'on peut dire que toutes les phrases anglaises à la voix passive formées avec la structure « *to be* » + participe passé peuvent être transformée en français par la structure « être » + participe passé ? La réponse dépend du prédicat, du type de verbe.

Dans l'enseignement des phrases passives du français, on souligne que le prédicat, le verbe d'action doit être un verbe transitif direct, parce que c'est le sujet de la phrase qui subit directement cette action. En anglais, cette construction s'applique aussi aux intransitifs, « avec la possibilité de construire comme sujet un terme d'origine circonstancielle[1] ». Ici, on cite des exemples donnés par Adamczewski et Delmas :

> This bed has been slept in.
> Ce lit a été dorimi dans (= on a dormi dans ce lit.)
> This glass has been drunk out of.

---

① MULLER C., *Les Bases de la syntaxe : Syntaxe contrastive français-langues voisines*, *op. cit.*, p. 256.

Ce verre a été bu de (= il a bu dans ce verre.)①

Dans ces exemples, 《 *this bed* 》 et 《 *this glass* 》 sont des compléments circonstanciels : en anglais, on peut les placer en tête de la phrase et de les utiliser comme le sujet passif. On en trouve la raison en transformant ces phrases en des constructions relatives du type :

the bed that I slept in et the glass that he drank out of

plutôt que

the bed in which I slept in et the glass out of which he drank.

Mais en français, on aura toujours :

le lit dans lequel j'ai dormi et le verre duquel il a bu

et non :

* le lit que j'ai dormi dans ou * le verre qu'il a bu de.

La différence de placement de la préposition dans ces deux langues est bien évidente, en anglais courant, quand le complément circonstanciel est antéposé, il est possible de placer la préposition derrière le verbe, mais en français, la préposition fait partie du complément circonstanciel, si l'on antépose le complément circonstanciel, la préposition se place toujours devant le nom, on ne peut pas rompre le lien entre les deux.

---

① ADAMCZEWSKI H., DELMAS C., *Grammaire linguistique de l'anglais*, Paris : Armand Colin, 1998, p. 196.

De plus, en anglais, le sujet passif peut aussi être le complément d'objet indirect, ce qui n'est pas accepté en français :

> I was offered a bunch of flowers when I arrived at the office.
>
> * J'ai été offert un bouquet de fleurs quand je suis arrivé au bureau. (= on m'a offert un bouquet de fleurs quand je suis arrivé au bureau.)
>
> She was asked to sing a song.
>
> * Elle a été demandée de chanter. (= on lui a demandé de chanter.)

Dans ces exemples, « *I* » et « *she* » sont des compléments d'objet indirect qui peuvent servir de sujets passifs en anglais, mais en français, la construction n'est pas analogue : seul, le complément d'objet direct qui peut être mis en tête d'une phrase et servir de sujet passif.

Enfin, en anglais, on peut utiliser la variation de diathèse sans marque de réfléchi, alors qu'en français, on utilise les verbes pronominaux à sens passif :

> This book sells well.
>
> Ce livre vend bien. (= Ce livre se vend bien.)

Dans l'enseignement des phrases à la voix passive, on constate que les apprenants font souvent des erreurs causées par une analogie fautive avec la construction du passif en anglais. Comme enseignant, on doit comprendre l'origine de ces erreurs commises par les apprenants et leur expliquer les différences entre le passif de l'anglais et celui du français. Ces différences peuvent être classées en deux catégories :

135

（1）Les différences de sujet

Généralement, le sujet passif est l'objet ou la personne qui subit l'action, en anglais, le sujet peut être le COD, le COI et même le complément circonstanciel, mais en français, le sujet peut être le COD et le COI, mais jamais le complément circonstanciel. De plus, en anglais, le sujet peut être animé ou inanimé, il n'y a pas de contraintes, alors qu'en français, il y a des contraintes en fonction de la structure syntaxique :

Structure syntaxique	Sujet passif
Sujet + auxiliaire《 être 》+ complément d'agent	Animé et inanimé
Sujet + verbe pronominal de sens passif	Inanimé
Sujet + se faire/se laisser + verbe à l'infinitif	Animé
Sujet + se voir + verbe à l'infinitif	Animé

Tableau 31　Contraintes en fonctions de la structure syntaxique

（2）Les différences verbales

Les différences verbales entre les deux langues sont plus nombreuses que les précédentes. Voici, quelques verbes qui peuvent être utilisés dans le passif anglais mais jamais dans le passif français, on les classe en trois catégories :

1）Les verbes qui expriment une opinion

En anglais, les verbes comme 《 say 》, 《 think 》, 《 report 》, 《 know 》, 《 tell》, 《 inform 》, etc. sont des verbes transitifs, on les rencontre souvent dans des phrases à la voix passive, la construction passive 《 it is thought that...》 est beaucoup utilisée. Les verbes français de cette catégorie comme 《 dire 》, 《 croire 》, 《 savoir 》, 《 informer 》 sont rarement utilisés dans les phrases à la voix passive. Si l'on essaie de traduire une phrase anglaise avec 《 it is thought that 》 en français, la construction devient active :

It is thought that the appearance is deceptive.

On dit que l'apparence est trompeuse.

2) Les verbes prépositionnels

En anglais, les verbes sont classés en deux catégories : verbe transitif et verbe intransitif, le verbe prépositionnel est une sous-catégorie du verbe transitif, son complément d'objet est introduit par une préposition, il ressemble au verbe transitif indirect du français. Les verbes prépositionnels peuvent être utilisés dans la construction passive :

The baby is looked at by his mother.

Mais en français, le verbe transitif indirect ne peut pas être utilisé dans une phrase à la voix passive, ici, l'analogie avec l'anglais est dysfonctionnelle.

3) Les verbes transitifs avec deux objets

Certains verbes transitifs peuvent avoir deux compléments d'objet : le COD et le COI. En anglais, des verbes comme « *give* », « *show* », « *lend* », « *pass* », « *hand* », en français, des verbes comme « présenter », « donner », « apporter » relèvent tous de cette catégorie. Quant à l'emploi des verbes transitifs avec deux objets dans une phrase à la voix passive, il n'y a pas de contraintes en anglais :

The receptionist was given the key.

The key was given to the receptionist.

Dans ces deux phrases, « *the receptionist* » est le COI, « *the key* » est le COD, ils peuvent tous deux occuper la fonction sujet dans la construction passive. Mais en français, c'est seulement le COD qui peut devenir de sujet :

Une lettre a été envoyée à Paul.

* Paul a été envoyé une lettre.

La deuxième phrase n'est pas acceptée en français, et si les apprenants construisent de telles phrases, c'est en raison d'une analogie abusive avec la construction passive de l'anglais.

En comparant la structure syntaxique des phrases à la voix passive des ces trois langues, on trouve aussi bien des similarités que des différences. Les similarités nous permettent d'appliquer l'analogie dans l'enseignement, les différences doivent aussi être expliquées aux apprenants pour qu'ils ne mésusent pas de l'analogie.

2   Les phrases complexes

Après avoir proposé une analyse analogique des phrases simples du français, nons concluons que l'analogie se fait plutôt avec l'anglais, parce que l'ordre des mots des phrases chinoises est différent de celui des phrases françaises. À présent, nous allons nous concentrer sur l'application de l'analogie dans l'enseignement des phrases complexes du français.

La classification des phrases complexes chinoises est réalisée selon la relation entre les propositions : la relation coordonnante et la relation subordonnante. C'est la même classification que pour les phrases françaises.

Les phrases complexes françaises contiennent trois sous-catégories : les phrases à juxtaposition, les phrases à coordination et les phrases à subordination, « il y a lieu de distinguer la juxtaposition (que l'on gagne à traiter comme un cas de coordination zéro) de la subordination par parataxe. Il en résulte un classement qui oppose les phrases complexe avec coordination et les phrases complexe avec subordination, laquelle peut être conjonctionnelle ou non conjonctionnelle.[1] » Si l'on examine la relation entre les propositions, la juxtaposition est un type de coordination, la seule différence entre les deux étant l'utilisation d'un coordonnant. Dans la juxtaposition, c'est le signe de

[1]   SOUTET O., *La Syntaxe du français*, Paris : Presse Universitaires de France, 1989, p. 87.

ponctuation qui remplace le coordonnant et établit le lien entre les propositions. Alors nos recherches sur les phrases complexes sont aussi divisées en deux parties : la coordination et la subordination.

2.1   Les phrases à coordination

En français, la phrase à coordination est composée de deux ou plusieurs propositions, tout comme en anglais et en chinois.

2.1.1   La juxtaposition

Les propositions qui sont liées par un signe de ponctuation, comme virgule, point-virgule, deux points, forment des coordinations sans coordonnant, ou juxtapositions. Ce genre de phrases complexes existent dans toutes les trois langues concernées.

前途	是	光明的，	道路	是	曲折的。
L'avenir	est	prometteur，	la route	est	tortueuse.
The future	is	bright，	the road	is	tortuous.

Dans ces trois phrases, la virgule relie deux propositions de relation oppositive. Généralement, l'ordre des propositions est interchangeable, à moins qu'il s'agisse d'une succession temporelle. Il n'y a pas de différence entre les phrases juxtaposées de ces trois langues : dans l'enseignement du français, la juxtaposition ne présente aucune difficulté pour les apprenants, et une analogie avec le chinois ou l'anglais a une influence active sur l'apprentissage.

2.1.2   La coordination

Comme nous l'avons dit, la différence entre la juxtaposition et la coordination est l'utilisation du coordonnant. 《 Elle unit deux membres identiques dans un ensemble, à la différence de la juxtaposition qui ne crée pas un tout. Les membres liés ne sont donc pas tout à fait indépendants, mais plutôt solidaires de l'ensemble. Elle est marquée formellement par la présence en tête de la deuxième proposition d'un outil de jonction, qui reprend en même temps la proposition précédente.① » C'est à travers le choix des coordonnants que l'on trouve la relation logique entre les propositions.

(1) Relation solidaire

Quand il existe une relation solidaire entre les propositions, en français, on utilise les coordonnants 《 et 》, 《 non seulement... mais (aussi)... 》, 《 ni... ni... 》, dont les équivalents anglais sont : 《 *and* 》, 《 *not only... but also* ... 》, 《 *neither... nor* ... 》 et en chinois : 《 和 》, 《 不但……而且…… 》, 《 既不……也不…… 》.

Elle est restée à la maison toute la soirée et elle n'est pas sortie.

Cette phrase est facile à comprendre pour les apprenants : le coordonnant français 《 et 》 introduit une adjonction, le coordonnant chinois 《 和 》 et le coordonnant anglais 《 *and* 》 ont la même fonction. Mais en comparant avec le coordonnant chinois 《 和 》 qui n'introduit que l'adjonction, 《 et 》, 《 prend des effets de sens variés, qui sont liés au sens des unités coordonnées : adjonction, succession temporelle, succession logique, opposition. 》② Alors, son équivalent de l'anglais 《 *and* 》 qui peut aussi être utilisé pour exprimer ces sens nous aide à comprendre la relation entre les propositions.

(2) Relation oppositive

Pour exprimer une opposition entre les propositions, on emploie en français les coordonnants 《 mais 》, 《 cependant 》, 《 toutefois 》, 《 d'ailleurs 》, etc. En chinois, on trouve les équivalents 《 但是 》, 《 可是 》, 《 不过 》, et en anglais, les

---

① GARDES-TAMINE J., *La Grammaire : 2. Syntaxe, op. cit.*, p. 51.

② SOUTET O., *La Syntaxe du français, op. cit.*, p. 89.

coordonnants 《 *but* 》, 《 *yet* 》, 《 *while* 》 ont la même fonction.

L'autruche	a	des ailes,	cependant	elle	ne vole pas.
鸵鸟	有	翅膀，	可是	它	不会飞。
The ostrich	has	wings,	though	it	does not fly.

Avec ces exemples, on constate que la structure syntaxique est identique dans ces trois langues, ce qui facilite la compréhension et l'apprentissage.

（3）Relation alternative

En français, on trouve souvent des coordonnants comme 《 ou 》, 《 tantôt... tantôt... 》, 《 soit que... soit que... 》 qui expriment une relation alternative. Leurs équivalents anglais sont 《 *or* 》, 《 *otherwise* 》, 《 *either... or...* 》, et leur équivalent chinois 《 或者 》.

Ce week-end,	je reste à la maison,	ou	je vais pêcher avec mon père.
这周末，	我待在家，	或者	和爸爸去钓鱼。
This weekend,	I stay at home,	or	I go fishing with my dad

La structure syntaxique est de nouveau identique dans les trois langues concernées.

（4）Relation causale

En français, dans les phrases qui expriment la relation causale, on trouve les coordonnants 《 car 》, 《 en effet 》, 《 au fait 》 dont l'équivalent de l'anglais est 《 *for* 》. L'expression de la conséquence est introduite par 《 donc 》, 《 par conséquent 》 dont l'équivalent de l'anglais est 《 *so* 》. En français, ainsi qu'en anglais, on n'a qu'un coordonnant dans une phrase de coordination, soit celui qui indique la cause, soit celui qui indique la conséquence, mais en chinois, on utilise les deux pour exprimer une relation logique：《 因为……所以…… 》.

因为	没有公交车了，		所以，	我走着来的。
	Il n'y a pas de bus，	alors		je suis venu à pied.
	There is no bus，	so		I walked here.

Généralement，les apprenants ne rencontrent que peu de difficultés dans l'apprentissage des phrases à coordination，parce que les similarités entre les structures syntaxiques de ces trois langues sont assez évidentes.

2.2 Les phrases à subordination

L'apprentissage des phrases à subordination est plus difficile pour les apprenants chinois，les fonctions des subordonnées pouvant différer en français et en chinois :

Jacques me dit	qu'il va aller à l'étranger l'année prochaine.
雅克告诉我	他明年要出国。

Dans la première phrase，《 qu'il va aller à l'étranger l'année prochaine 》est une subordonnée complément d'objet direct，et dans la deuxième phrase，son équivalent chinois a la même fonction. Mais ce n'est pas le cas dans l'exemple suivant :

N'oubliez pas la réunion à demain，	à laquelle vous devez tous assister.
别忘了明天的会议，	你们务必都要出席。

Dans la première phrase de cet exemple，on a une proposition relative 《 à laquelle vous devez tous assister 》qui est utilisée pour déterminer l'antécédent 《 la réunion 》. Mais quand on traduit cette phrase en chinois，on obtient une phrase de juxtaposition，la relation subordonnante entre les deux propositions n'étant pas évidente en chinois. De même dans l'exemple suivant :

Ce que tu dis   est très important pour notre décision.

你所说的   对我们的决定很重要。

Dans la phrase française, la proposition substantive《 ce que tu dis 》a une fonction sujet, mais quand on la traduit en chinois, la subordonnée devient un groupe nominal et non une phrase. En conséquence, pour enseigner la subordination, on propose souvent une analogie avec la langue anglaise, et c'est ce que nons ferons dans cette partie de nos recherches.

《 La subordination est définie traditionnellement comme la relation d'une proposition non autonome à une proposition principale.[1] 》En français et en anglais, la phrases à subordination est composée d'une proposition principale et d'une proposition subordonnée, mais cela ne veut pas dire que c'est toujours la proposition principale qui est essentielle, 《 d'autant que la subordonnée est parfois essentielle à la proposition principale, comme lorsqu'elle est sujet ou complément d'objet de son verbe :

Qu'il pleuve ferait du bien à la terre.

J'aimerais bien qu'il pleuve.[2] 》

Ici, pour faire une analyse analogique entre le français et l'anglais, il faut réaliser un classement des subordonnées. Même si plusieurs classements ont été proposés (selon la fonction, selon le terme introducteur ou selon le sens), aucun n'est entièrement satisfaisant. Alors, on adopte un classement qui est plus accepté parmi les enseignants en Chine :

— Les propositions complétives ou substantives.

— Les propositions relatives ou adjectives.

---

[1] GARDES-TAMINE J., *La Grammaire : 2. Syntaxe, op. cit.*, 53.

[2] *Ibid.*

— Les propositions circonstancielles ou adverbiales.

2.2.1 Proposition complétive ou substantive

Dans la proposition complétive ou substantive, la subordonnée peut avoir plusieurs fonctions :

(1) Subordonnée sujet

En français, la subordonnée sujet est souvent introduite par la conjonction « que », les pronoms conjonctionnels « qui », « quiconque » et les locutions pronominales « ce qui », « ce que ». Parmi ces termes introducteurs, la conjonction introductrice « que » n'a pas de sens. En anglais, les subordonnants comprennent les conjonctions « that », « whether », « if », les pronoms « what », « who », « which », « whatever », « whoever » et les adverbes « how », « when », « where », « why ». La conjonction « that » qui est l'équivalent de « que » n'a pas de sens non plus, les pronoms et les adverbes conjonctionnels qui sont des mots interrogatifs gardent leur sens interrogatif et servent aussi de conjonction.

> What they did is unacceptable.
> Ce qu'ils ont fait est inacceptable.

Dans l'enseignement de la subordonnée sujeten français, on peut généralement faire l'analogie avec l'anglais.

Premièrement, dans une construction impersonnelle, on a le sujet apparent « il » en français et « it » en anglais, alors la subordonnée est le sujet réel du verbe.

> Il est évident que tu as des difficultés dans tes études.
> It is not yet known what they did.

Deuxièmement, le prédicat de la subordonnée sujet est au subjonctif quand on exprime une surprise, un dommage ou et une certitude.

> C'est regrettable que vous ne puissiez pas venir avec nous.
> It is surprising that she should have married a farmer.

Mais il faut aussi faire attention aux différences entre les deux langues :

Premièrement, en français, quand la proposition principale contient une construction impersonnelle, c'est le contenu de la locution impersonnelle qui décide le mode du prédicat de la subordonnée, si l'on exprime une affirmation et un sûrement, le prédicat est au mode indicatif, mais en anglais, la subordonnée est au mode subjonctif :

> Il est évident que le directeur n'est pas content.
> It is natural that she should think so.

145

Deuxièmement, quand la conjonction 《 que 》 se trouve en tête de la subordonnée, le prédicat est au subjonctif, mais en anglais, la conjonction 《 that 》 introduit d'une subordonnée à l'indicatif :

> Qu'il le fasse m'étonne beaucoup.
> That you don't like him is none of my business.

(2) Subordonnée complément

En français, comme en anglais, la subordonnée complément peut être COD, COI ou complément d'adjectif de la proposition principale :

> Elle pense que ses parents vont la voir ce week-end. (COD)
> He told me that he would go abroad the next year. (COD)
> Il le dit à qui veut l'entendre. (COI)

She always thinks of how she can work well. (COI)

Nous sommes sûrs que cela favorisera l'apprentissage. (Complément d'adjectif)

I am sorry that I have troubled you. (Complément d'adjectif)

Dans cette construction, si le prédicat de la proposition principale est un verbe qui exprime une suggestion, un ordre ou une demande, la subordonnée est au subjonctif en français et en anglais :

Il suggère que tu finisses ton travail.

The expert proposed that TVs should be turned off at least one hour every day.

De plus, la subordonnée peutêtre une proposition interrogative introduite par un pronom, déterminant ou adverbe interrogatif, « quand », « où », « qui » en français, « *when* », « *where* », « *who* » en anglais, on a aussi les subordonnants « si » en français et « *if* », « *whether* » en anglais qui introduisent une interrogation totale.

Je vous demande qui est venu.

I ask him where he has been.

Il me demande si tu viendras.

I want to know if you have done this before.

Concernant la subordonné complément, on peut généralement faire l'analogie entre l'anglais et le français, la seule différence étant que la conjonction anglais « *that* » peut être omis, alors que son équivalent du français « que » est obligatoire :

He tells me he is going to China.

Il me dit qu'il ira en Chine.

(3) Subordonnée attribut

En français, la subordonnée attribut est souvent introduite par « que » et se trouve après des expressions construites avec des verbes d'attribution dont le plus fréquent est « être ». On trouve en anglais une construction analogue, introduite par la conjonction « *that* » :

> Mon avis est qu'il faut recommencer tout de suite.
>
> The fact is that he doesn't really try.

Dans l'apprentissage de la subordonnée attribut, une analogie avec l'anglais est tout à fait compréhensible par les apprenants.

(4) Subordonnée appositive

Généralement, la subordonnée appositive est utilisée pour expliquer le nom abstrait qu'elle suit, comme « la vérité », « l'espoir », « l'idée », « le problème » en français, ou « *the fact* », « *the hope* », « *the idea* », « *the problem* » en anglais. En anglais, on trouve de nombreux subordonnants qui peuvent introduire cette subordonnée : « *that* », « *whether* », « *who* », « *which* », « *what* », « *when* », « *where* ». En français, on retrouve généralement le subordonnant « que », et quelquefois « qui » lié à un pronom démonstratif :

> La pensée qu'il était temps de chercher le sommeil m'éveillait.
>
> The news that we won the game is exciting.
>
> Tu l'as refait, ce qui est bien.
>
> The question whether it is right or wrong depends on the result.

Généralement, la subordonnée appositive se trouve derrière le nom qu'elle explique, mais quand elle est volumineuse, on peut la placer en fin de phrase. Ce phénomène existe dans les deux langues :

> Le bruit se répand que Beyoncé viendra donner un concert dans notre ville.

Word came that he had passed the final examine.

Au-delà de ces similarités, il faut aussi faire attention aux différences entre les deux, d'où peuvent naître des erreurs de la part des apprenants.

Comme les conjonctions qui peuvent introduire une subordonnée appositive en anglais sont plus nombreuses, il arrive que les apprenants construisent des phrases sur le modèle de l'anglais :

* La question si c'est correct ou faux dépend du résultat.

Pour éviter les erreurs de ce genre, il faut que l'enseignant souligne la différence entre les conjonctions de ces deux langues.

2.2.2　Proposition relative ou adjective

Dans le processus de l'apprentissage de la proposition relative, les apprenants pensent souvent à la proposition attributive de l'anglais (Attributive Clauses), parce que les deux sont introduites par le pronom ou l'adverbe relatif et déterminent un élément de la proposition principale, on les appelle aussi propositions adjectives. La proposition relative du français et la proposition attributive de l'anglais suivent généralement l'antécédent qu'elles déterminent et sont liées à la proposition principale par un pronom ou un adverbe relatif. Nous allons donc comparer les deux pour trouver les similarités et les différences qui peuvent être utiles pour l'application de l'analogie dans l'enseignement.

(1) Le pronom relatif

Le pronom relatif est un élément important de ce type de subordonnées : il a un rôle de connexion, il remplace l'antécédent qui le précède et peut occuper les fonctions sujets, complément d'objet ou complément circonstanciel dans la proposition. En français, les pronoms relatifs principaux sont 《 qui 》, 《 que 》, 《 dont 》, 《 où 》, et en anglais, 《 who 》, 《 whom 》, 《 that 》, 《 which 》,

《 whose 》, 《 when 》, etc.

En français, la forme du pronom relatif dépend de sa fonction dans la proposition relative. Par exemple, si le pronom est sujet, on emploie la forme 《 qui 》 pour introduire la proposition, s'il est COD, on aura la forme 《 que 》. Le fait de savoir si l'antécédent est un objet ou une personne n'influera pas sur la forme du pronom :

> Les touristes qui étaient perdus en montagne sont revenus.
>
> (qui = les touristes, personne, sujet de la proposition relative.)
>
> Voyez-vous l'église qui est à l'entrée du village ?
>
> (qui = l'église, objet, sujet de la proposition relative.)
>
> Voilà le malade que j'ai soigné la semaine dernière.
>
> (que = le malade, personne, COD de la proposition relative.)
>
> Le spectacle que les écoliers ont vu cet après-midi est destiné aux enfants.

Mais en anglais, on choisit le pronom relatif selon la référence de l'antécédent, on utilise 《 who 》, 《 whom 》, 《 whose 》 après l'antécédent qui désigne une personne, et 《 which 》 suit l'antécédent qui désigne un objet. La fonction grammaticale du pronom ne change pas sa forme :

> A doctor is a person who looks after people's health.
>
> (who = a person, sujet de la proposition attributive.)
>
> The man who/whom I saw is called Smith.
>
> (who/whom = the man, COD de la proposition attributive.)
>
> She was not on the train which arrived just now.
>
> (which = the train, sujet de la proposition attributive.)
>
> This is the book (which) you wanted.
>
> (which = the book, COD de la proposition attributive.)

Avec ces exemples, on constate que dans la langue courante anglaise, les pronoms relatifs 《 who 》, 《 which 》, 《 whom 》 qui remplacent le COD peuvent être omis, alors qu'en français, les pronoms relatifs sont toujours obligatoires.

（2）La proposition déterminative et la proposition explicative

La proposition relative du français et la proposition attributive de l'anglais peuvent avoir deux rôles : la détermination et l'explication. Alors il faut distinguer la proposition déterminative et la proposition explicative. 《 On distingue souvent par ailleurs les relatives déterminatives et les relatives explicatives. Les premières permettent de préciser ou d'identifier les éléments visés dans un groupe alors que les secondes apportent seulement une caractérisation à des éléments déjà identifiés.[①] 》

La proposition déterminative qui précise et identifie l'antécédent est une partie indispensable de la proposition principale, non-détachable :

> L'homme qui parle français est Monsieur Dupont.
> The man who is speaking French is Mr Dupont.
> Est-ce que tu peux me dire le jour où tu partiras ?
> Could you told me the day when you will set out ?

Dans ces exemples, les propositions relatives déterminent l'antécédent, si l'on les élimine, le sens de la phrase est influencé.

Quant à la proposition explicative, son antécédent est déjà identifié, elle lui apporte une caractérisation. Relativement à la proposition déterminative, la proposition explicative est plus indépendante, on peut la séparer de la proposition principale avec une virgule.

> La Seine, qui traverse Paris, est un grand fleuve.
> Seine River, which flows through Paris, is a great fiver.
> Notre guide, qui est Français Canadien, nous a amenés dans un

---

① GARDES-TAMINE J., *La Grammaire : 2. Syntaxe*, *op. cit.*, p. 68.

restaurant français.

    Our guide, who was French Canadian, led us into a French restaurant.

    Dans ces exemples, les propositions relatives apportent une explication à l'antécédent, elles servent à expliquer une caractérisation de cet élément, si l'on les élimine, le sens de la phrase n'est pas influencé.

    D'ailleurs, quand l'antécédent est une phrase, la proposition relative a toujours un rôle explicatif. En anglais, on sépare la proposition principale et la proposition relative par une virgule, en français, on ajoute un pronom « ce » qui remplace l'antécédent et introduit la proposition relative.

    Ils n'ont pas d'enfants, ce qui est dommage.

    They have no children, which is a pity.

    Des magasins sont ouverts le dimanche, ce que l'on trouve très pratique.

    Some shops are open on Sunday, which we feel very practical.

    Ici, le pronom « ce » est l'antécédent apparent de la proposition relative, mais en anglais, cette construction n'existe pas : il faut souligner cette différence dans l'enseignement.

    (3) L'accordentre le prédicat de la proposition relative et l'antécédent

    Dans l'emploi de la proposition relative du français et de la proposition attributive de l'anglais, on trouve des similarités concernant l'accord entre le prédicat et l'antécédent. Mais en français, le problème est beaucoup plus complexe.

    1) Quand le pronom relatif sert de sujet de la proposition, il faut faire l'accord entre le prédicat et l'antécédent, et ce dans les deux langues :

    Connaissez-vous la fille qui porte les lunettes ?

    Do you know the girl who wears glasses ?

    Dans ces deux phrases, les antécédents « la fille » et « *the girl* » sont les sujets réels de proposition relative, alors le prédicat s'accorde avec l'antécédent : 《 la fille porte les lunettes 》, 《 *the girl wears glasses* 》.

> Le professeur parle avec les étudiants qui sont arrivés il y a un mois.
> The professor is talking with the students who arrived here a month ago.

Dans ces deux phrases, les antécédents 《 les étudiants 》 et 《 *the students* 》 sont les sujets réels dela proposition relative, alors le prédicat s'accorde avec l'antécédent : 《 les étudiants sont arrivés 》, 《 *the students arrived here* 》. Dans la phrase française, on remarque aussi l'accord du participe passé, phénomène grammatical qui n'a pas d'équivalent en anglais.

2) Quand le pronom relatifest COD, et quela proposition relative du français est au temps passé composé, le participe passé s'accorde avec l'antécédent, mais en anglais, il n'y a pas de règle grammaticale sur ce point.

> Je vous montre les photos que j'ai prises à Paris.
> I will show you the photos which I have taken in Paris.

Dans la phrase française, le participe passé 《 pris 》 doit s'accorder avec l'antécédent 《 les photos 》 qui est un nom féminin pluriel, on ajoute donc -es à la fin du participe passé. L'accord n'a pas lieu en anglais.

（4）Le mode de la proposition relative

En français, la proposition relative est généralement au mode indicatif, mais le subjonctif et le conditionnel peuvent parfois être employés. 《 En ce qui concerne les modes, c'est généralement l'indicatif qui est utilisé, sauf après un antécédent indéterminé ou qui marque l'exception.[①] 》 En anglais, la proposition attributive est toujours à l'indicatif. Ci-dessous, quelques exemples comparatifs.

1) Dans la proposition relative dont l'antécédent est déterminé par le

---

① GARDES-TAMINE J., *La Grammaire : 2. Syntaxe*, *op. cit.*, p. 70.

superlatif ou des mots de sens absolu comme « le seul », « le premier », on utilise le subjonctif en français, et l'indicatif en anglais :

> C'est le plus beau musée que j'aie visité.
> This is the best museum that I've ever visited.
> La Chine est le premier pays qui ait inventé l'imprimerie.
> China is the first country that invented printing.

2) Quand la proposition principale exprime une négation ou une interrogation et l'antécédent est un pronom indéfini négatif comme « rien », « personne », la proposition française est au subjonctif et la proposition anglaise est toujours à l'indicatif et est introduite par « that » :

> Il n'y a rien qui puisse le faire reculer.
> There is nothing that can prevent him.

3) En français, on utilise le subjonctif dans la proposition relative qui exprime un désire, un vœu ou une préconception, mais en anglais, la proposition est toujours à l'indicatif.

> Je voudrais un CD qui comprenne toutes mes chansons préférées.
> I need a CD which contains all of my favorite songs.

4) En français, on utilise le conditionnel dans la proposition relative qui exprime une possibilité ou une supposition, mais en anglais, la proposition est toujours à l'indicatif.

> L'office de tourisme peut vous présenter un guide qui pourrait vous emmener au sommet du Mont Blanc.
> Tourism company can introduce you a guide who can take you to Mont Blanc.

En comparant la proposition relative du français et la proposition attributive de l'anglais, on trouve quelques similarités ainsi que les différences. Dans l'enseignement, on peut profiter des similarités entre les deux pour initier les apprenants et faciliter l'explication, mais il faut aussi faire attention aux différences comme l'accord entre le prédicat et l'antécédent, l'emploi du subjonctif qui sont absents de la proposition attributive de l'anglais mais sont importants pour la construction de la proposition relative du français.

2.2.3 Proposition circonstancielle et adverbiale

Dans la phrase, la proposition circonstancielle joue le même rôle qu'un complément circonstanciel. On l'appelle parfois la proposition adverbiale. Selon le sens que la proposition exprime, on peut classer les circonstancielles en six catégories :

(1) Proposition circonstancielle de temps

La proposition remplit la fonction de complément circonstanciel de temps, elle précise si l'action exprimée par le prédicat de la proposition principale a lieu avant, pendant ou après l'action exprimée par le verbe de la proposition circonstancielle. En français, on utilise les subordonnants 《 quand 》, 《 pendant que 》, 《 avant que 》, 《 depuis que 》 pour lier les deux propositions, en anglais, ce sont les subordonnants 《 when 》, 《 before 》, 《 after 》, 《 while 》 qui remplissent ce rôle.

> Il dormait pendant que je travaillais.
> — I'm going to the post office.
> — While you're there, can you get me some stamps ?

Généralement, les constructions de la temporalité dans ces deux langues sont identiques, l'analogie entre les deux peut alors faciliter l'enseignement. Mais il faut faire attention au mode du prédicat de la proposition circonstancielle.

Si les actions des deux propositions sont simultanées, la subordonnée est à l'indicatif en français comme en anglais.

> Je lisais au moment où il est arrivé.
>
> Hardly had she arrived when it began to snow.

Mais quand l'action exprimée par le prédicat de la proposition principale est antérieure à celle qui est exprimée par le verbe de la subordonnée, la proposition circonstancielle qui est introduite par « avant que », « jusqu'à ce que », « d'ici que » est au mode subjonctif. Mais en anglais, la subordonnée est toujours à l'indicatif.

> Je le verrai avant qu'il parte.
>
> If you want, you can talk about your problem with the director before he leaves.
>
> Il pleure jusqu'à ce que je lui donne une bonne fessée.
>
> He waited until she was about to leave.

Quand l'action de la proposition principale est postérieure à celle de la subordonnée, la proposition circonstancielle est toujours à l'indicatif en français et en anglais.

> Nous partirons une fois que nous aurons fini.
>
> I began to work after he had gone.

(2) Proposition circonstancielle de conséquence

La proposition consécutive indique le résultat de l'action exprimée par le prédicat de la proposition principale. Les mots qui introduisent la proposition sont variés dans les deux langues, en français « de façon que », « de sorte que », « de manière que », « en sorte que », en anglais « *so... that...* », « *such... that...* ».

155

Il est parti très vite, de sorte que je ne l'ai pas vu.

He was so angry that he couldn't speak.

Généralement, le mode de la proposition consécutive est l'indicatif. Mais en français, on peut trouver le subjonctif lorsque la conséquence a la potentialité de se réaliser si l'action de la principale n'a pas lieu.

Faites en sorte qu'il n'en sache rien.

We can do it ourselves so that he will never know about it.

En anglais, la proposition consécutive est toujours au mode indicatif.

(3) Proposition circonstancielle de cause

La proposition de cause sert à expliquer la raison de l'action exprimée par le prédicat de la proposition principale. Elle répond à la question introduite par 《 pourquoi 》.

En français, on a des subordonnants comme 《 parce que 》, 《 puisque 》, 《 comme 》 ainsi que des locutions comme 《 vu que 》, 《 étant donné que 》, 《 attendu que 》, 《 sous prétexte que 》 qui relient les deux propositions. En anglais, les mots 《 *because* 》, 《 *as* 》, 《 *since* 》, 《 *seeing* (*that*) 》, 《 *now* (*that*) 》 remplissent ce rôle.

Il a eu une récompense, parce qu'il a bien fait son travail.

They can't have gone out because the light is on.

Il est difficile de prévoir le repas, étant donné que je ne sais pas combien nous serons.

Now that we are alone, we can speak freely.

Dans l'apprentissage de la causale, il faut faire attention à l'influence négative du chinois, où les subordonnants《 因为 》et《 所以 》paraissent souvent ensemble dans les propositions consécutives et causales，mais en français et en anglais，on n'a qu'un subordonnant qui relie les deux propositions.

因为	我没赶上火车，	所以	我迟到了。
Comme	j'ai raté le train，		je suis en retard.
Since	I missed the train，		I'm late.

Mais en exprimant d'abord la conséquence（et non plus la cause），le coordonnant 《 因为 》 peut être utilisé indépendamment，et la structure syntaxique des ces trois langues est alors identique.

我迟到了，	因为	我没赶上火车。
Je suis en retard，	parce que	j'ai raté le train.
I'm late，	because	I missed the train.

Généralement，le mode dans la proposition causale est l'indicatif. Mais en français，on trouve parfois le subjonctif，lorsque la cause est présentée comme fausse ou douteuse. La proposition est souvent introduite par 《 non que 》，《 non pas que 》，《 ce n'est pas que 》. En anglais，si la proposition principale exprime une situation sentimentale avec les adjectifs 《 *angry* 》，《 *disappointed* 》，《 *happy* 》，《 *pleased* 》，etc.，le subjonctif apparaît dans la subordonnée.

Ce n'est pas qu'il craigne ton jugement，mais il préfère te présenter un projet achevé.

He was angry that you should call him by name.

L'emploi du subjonctif dans la subordonnée est toujours une difficulté pour les apprenants de niveau débutant.

（4）Proposition circonstancielle de concession

La proposition de concession indique que la relation logique attendue entre l'action de la proposition principale et celle de la subordonnée n'a pas été réalisée. Cette proposition est utilisée pour exprimer un sens oppositif ou adversatif.

En français, la proposition de concession est introduite par « quoique », « bien que », « encore que », elle peut aussi être liée par les relatifs indéfinis « qui que », « quoi que », et les locutions « tandis que », « sans que », « alors que », etc. En anglais, les subordonnants « *although* », « *though* », « *no matter how* », « *even if* » lient les deux propositions.

> Il sort sans parapluie bien qu'il pleuve.
>
> He went out even though it was raining.
>
> Il viendra quoi que tu fasses.
>
> The speech was good, though it could be better.

Le mode subjonctif est aussi une difficulté dans l'apprentissage de la proposition de concession.

En français, la subordonnée se met au subjonctif avec les locutions « bien que », « quoique », « encore que » :

> Il est sorti bien qu'il soit malade.
>
> Je vous tiens informés quoique cela ne vous concerne pas directement.

Elle se met à l'indicatif ou au conditionnel avec les locutions « alors que », « tandis que », « alors que » :

> Tu es sorti alors que tu devrais rester au lit.
>
> Il rêvasse tandis qu'il devrait travailler.

En anglais, on trouve le subjonctif dans les subordonnées introduites par les conjonctions « *whatever* », « *whichever* », « *whenever* », « *whoever* », « *wherever*», « *however* », « *no matter what* », etc.

158

We will find him wherever he may be.

We must respect him no matter what mistakes he may have made.

Généralement, l'emploi du mode dans la proposition concessive est plus complexe, surtout en français, où l'indicatif, le subjonctif et le conditionnel peuvent tous être utilisés dans la subordonnée. Dans ce cas, l'analogie avec l'anglais ne peut pas particulièrement nous aider, alors, il faut faire comprendre aux apprenants les règles sur le mode de la concessive avec des exemples et des exercices propres au système français.

En comparant les phrases complexes de l'anglais et du français, on trouve donc quelques similarités, mais aussi des différences. Pour les phrases à coordination, on peut généralement proposer une analyse analogique entre les deux langues, parce que leurs constructions sont presque identiques ; mais concernant phrases à subordination, les différences dominent dans cette comparaison, surtout quant à l'utilisation du mode subjonctif, les règles du français étant plus complexes que celles de l'anglais.

3   Conclusion

La syntaxe constituant l'ensemble des règles que l'on doit suivre pour former des énoncés compréhensible, son enseignement et son apprentissage sont des parties très importantes de la formation de la compétence linguistique. Dans le processus de l'apprentissage, les apprenants ont tendance à traduire ce qu'ils disent en langue maternelle, alors la construction des phrases de la langue maternelle a une influence sur l'apprentissage de la syntaxe. Les Chinois qui apprennent l'anglais depuis des années ont déjà pu constater les différences entre l'anglais et leur langue maternelle, et quand ils commencent à apprendre le français, c'est en fait la structure syntaxique de l'anglais qui a une grande influence sur leur apprentissage.

Cette influence est inévitable, mais on peut s'en servir pour trouver les similarités entre les structures syntaxiques de ces deux langues et la rendre profitable dans l'apprentissage et l'enseignement. Il existe aussi des différences qu'il faut souligner afin d'éviter un certain nombre d'erreurs.

Dans l'enseignement des phrases complexes, l'application de l'analogie n'est pas toujours efficace. Le mode du verbe de la proposition subordonnée présente de grandes difficultés pour les apprenants. Alors, l'analogie entre l'anglais et le français n'est pas suffisante et il faut que l'enseignant nourisse son explication d'exemples.

L'analogie n'est pas un moyen passe-partout dans l'enseignement du français, il faut considérer les différences entre les deux langues, et quand la structure syntaxique de l'anglais est trop éloignée de celle du français, ne pas chercher à forcer l'analogie, ce qui pourrait sans doute compliquer l'enseignement.

TROISIÈME PARTIE

L'APPLICATION DE L'ANALOGIE DANS L'ENSEIGNEMENT DU FRANÇAIS POUR LES APPRENANTS DE NIVEAU INTER-MÉDIAIRE ET AVANCÉ

Le but de l'enseignement de la grammaire est de former la compétence linguistique des apprenants : c'est la partie la plus importante de la première étape de l'enseignement du français. Après cette première étape, les apprenants ont acquis une connaissance sur les règles fondamentales de la langue française. Avec une bonne compétence linguistique, ils peuvent parler et écrire correctement, mais ce n'est pas suffisant.

La compétence linguistique est parfois suffisante pour délivrer une information simple, mais elle ne l'est pas pour la communication. Celle-ci n'implique pas seulement de comprendre et de savoir utiliser les structures lexicales et grammaticales. Pour communiquer, il est également indispensable de comprendre les attitudes, les systèmes de valeurs, les comportements, les points de vue, tout le contexte culturel de son interlocuteur. Alors dans l'enseignement du français pour les apprenants de niveau intermédiaire et avancé, le but est de former la compétence communicationnelle des apprenants. Si l'on veut que les apprenants soient capables de communiquer efficacement en langue française, une compétence interculturelle est indispensable. Une bonne compétence interculturelle peut rendre la communication entre des personnes qui sont d'origines culturelles différentes plus efficace.

Dans l'enseignement des langues étrangères, la compétence interculturelle est devenue aujourd'hui une notion clé et joue un rôle très important. À une époque où la mondialisation s'est vite développée, c'est la dimension interculturelle qui est au centre de l'enseignement des langues étrangères. L'enseignement du français semble entrer dans une étape nouvelle où la culture devient une composante fondamentale de l'apprentissage des langues. Pour les apprenants qui ont une bonne compétence linguistique concernant la langue française, connaître la culture qui se trouve directement impliquée dans le système linguistique peut favoriser l'apprentissage de la langue.

Dans les universités chinoises, on propose des cours intitulés《 Histoire de la France 》,《 Civilisation française 》aux étudiants de troisième et de quatrième année spécialisés en langue française pour qu'ils aient des connaissances non seulement sur la langue mais aussi sur la culture française. Mais on constate que l'enseignement n'est pas toujours efficace parce que ce que l'on peut enseigner dans ces cours ne concerne qu'une part infime de la culture française, et que, de plus, l'enseignement de la culture est séparé de l'enseignement de la langue.

En effet, la culture est une notion assez vaste, elle « inclut tous les éléments dans les caractères de l'homme adulte qu'il a consciemment appris de son groupe et sur un plan quelque peu différent, par un processus de conditionnement : techniques, institutions sociales ou autres, croyances, modes de conduite déterminés[①] ». Mais quand les phénomènes culturels sont présentés l'un après l'autre dans un manuel, l'apprentissage de la culture devient un travail inintéressant.

D'autre part, la culture est toujours reliée à la langue, « l'interrelation de la langue et de la culture est depuis longtemps reconnue par les ethnologues comme un point d'ancrage de l'enseignement de toute langue vivante, [...] le culturel sous-entend le linguistique et réciproquement[②] ». La langue est une composante de la culture, et en même temps, elle est aussi le véhicule de la culture. Le rapport intime entre la langue et la culture implique que nous devrions prêter plus d'attention aux éléments culturels de la langue dans le processus de l'enseignement. Alors, l'enseignement peut être plus efficace si les apprenants développent des connaissances sur la culture tout en apprenant la langue.

Pour les apprenants de niveau intermédiaire et avancé, ce sont souvent les expressions figées qui présentent les plus grandes difficultés dans l'apprentissage, parce que l'on trouve dans les proverbes français des traces de phénomènes culturels que l'on ne peut pas toujours traduire mot à mot en chinois et qui sont difficiles à comprendre pour les apprenants. Alors une analyse analogique sur les proverbes français et chinois peut nous aider à enseigner efficacement le français et à former la compétence interculturelle.

163

---

① HERSKOVITS M. J., *Les Bases de l'anthropologie culturelle*, Paris : François Maspero Éditeur, 1967, p. 9.

② ABDALLAH-PRETCEILLE M., « La Perception de l'autre : Point d'appui de l'approche interculturelle », *Le Français dans le monde*, n°181, Paris : Larousse, 1983, p. 40.

Chapitre 7

Enseigner les proverbes français par analogie

Le proverbe est une forme spéciale des expressions et fait l'objet de nombreuses études lexicologiques. Dans le *Dictionnaire Européen des proverbes et locutions*, on trouve la définition du mot « proverbe » : « Court énoncé exprimant un conseil populaire, une vérité de bon sens ou d'expérience et qui sont devenus d'usage commun. Enraciné dans la culture d'un groupe social, expression de la sagesse populaire, il peut provenir d'un auteur dont la collectivité s'est approprié la pensée.[①] » Le proverbe est souvent considéré comme la quintessence de la langue parce qu'il en utilise toute la subtilité.

La langue du proverbe est souvent concise et précise, avec des images vivantes et un rythme vif qui nous interpellent et provoquent la mémorisation. Généralement, les proverbes sont brefs et expressifs. Dans le processus de l'apprentissage des proverbes, on peut acquérir des connaissances sur les procédés rhétoriques qui sont employés pour composer ce type d'énoncés. De plus, le développement des proverbes se base aussi sur des facteurs comme les coutumes, les religions et le patrimoine historique, qui constituent des informations considérables sur la société qui produit ces proverbes. Par conséquent, il est nécessaire d'étudier les proverbes afin d'enrichir les connaissances sur le vocabulaire et la rhétorique de la langue française, mais aussi pour mieux connaître la culture qui se cache dans la langue.

---

① http://www.proverbes.free.fr/definition.php.

Dans l'enseignement du français, on remarque que les apprenants ont souvent des difficultés à comprendre les proverbes, parce que ceux-ci sont courts mais possèdent une signification complexe. À cause du manque de connaissances sur la culture française, les proverbes sont généralement difficiles à comprendre, mais pas toujours. Quand on trouve des similarités entre les proverbes français et chinois, la compréhension devient possible. Par conséquent, on peut enseigner certains proverbes français par analogie avec des proverbes chinois, ce qui favorisera la formation de la compétence interculturelle des apprenants.

Dans la langue chinoise aussi, les proverbes sont nombreux, et dans nos recherches, on commencera par analyser les procédés rhétoriques employés dans la formation des proverbes chinois et français afin d'en dégager les similarités linguistiques.

1   Les procédés rhétoriques exprimés dans les proverbes français et chinois

Le proverbe a une longue histoire dans la langue chinoise : on pense par exemple aux nombreux proverbes présents dans certains chefs-d'œuvre chinois remontant à deux mille ans comme *Le Livre des mutations*, *Commentaires de Zuo*, *Mencius*, *Les Mémoires historiques*. Après la dynastie des Song, certains travaux ont même été directement dédiés aux proverbes, c'est le cas de 古今谚.

En français, le proverbe fait pleinement partie du patrimoine linguistique, et est influencé par des facteurs historiques, religieux, sociaux, traditionnels.

Dans les proverbes, les peuples ont résumé leurs expériences et connaissances sur la vie, en se servant des procédés rhétoriques. Les proverbes sont des énoncés brefs et expressifs. Nous allons donc nous intéresser à un certain nombre de procédés récurrents dans la formation des proverbes.

1.1　La rime et l'allitération

La rime et l'allitération sont des techniques dans le domaine phonétique.

La rime est une figure de style qui consiste en la répétitiondes phonèmes，notamment des voyelles，à la fin d'un mot ou de plusieurs mots pour créer un effet sonore évocateur. Comme le chinois est une langue du pictogramme qui possède les tons，le proverbe fait souvent rimer le deuxième ton ou le quatrième ton pour construire des phrases symétriques et facile à lire. Par exemple：

不听老人言，吃亏在眼前。

Dans ce proverbe，le mot《 言 》et le mot《 前 》sont au deuxième ton et riment，parce qu'ils ont le même final《 an 》.

Un autre exemple：

只要功夫深，铁杵磨成针。

Dans ce proverbe，le mot《 深 》et le mot《 针 》sont au premier ton et forment une rime parce qu'ils ont la même finale《 en 》.

Jeu de mains, jeu de vilains.

Dans ce proverbe français，le mot《 main 》et le mot《 vilains 》se terminent tous par la voyelle /ɛ̃/.

L'homme propose，dieu dispose.

La rime des ces deux propositions est /pɔːz/，les deux prédicats se terminent par le même syllabe，l'effet rythmique est donc augmenté.

Quant à l'allitération, elle est une figure de style qui consiste en la répétition d'une ou plusieurs consonnes pour viser un effet rythmique. Cette figure de style est souvent utilisée dans le proverbe français qui exprime son élégance par des répétitions de voyelles ou de consonnes. Par exemple :

C'est en forgeant qu'on devient forgeron.

Dans ce proverbe, on trouve une allitération entre le mot « forgeant » et le mot « forgeron » qui commencent tous deux par le syllabe /fɔr/, ainsi que la structure « c'est... que... » qui souligne l'importance de la répétition et de la pratique.

Un autre exemple :

Qui dort dine.

Dans ce proverbe, on remarque la répétition de la consonne /d/ dans les mots « dort » et « dine » qui remplace « le sommeil » et « la faim » pour avoir l'effet d'allitération.

On trouve encore d'autres exemples qui contiennent une allitération :

Aussitôt dit, aussitôt fait.

Autant de pays, autant de coutumes.

Autant de têtes, autant d'avis.

Loin des yeux, loin du cœur.

Dans ces exemples, il est évident qu'il existe des répétitions de voyelle et de consonnes entre les mots qui dirigent chaque proposition coordonnée, rendant ainsi l'écriture régulière et le proverbe facile à lire.

Mais le proverbe chinois met souvent l'accent sur la rime, c'est-à-dire sur la dernière voyelle de chaque proposition, l'allitération est donc assez rare dans les proverbes chinois.

Nous proposons à présent d'analyser les techniques rhétoriques employées dans la formation des proverbes.

1.2 L'image

L'image est un rapprochement fondé sur l'analogie et une figure de style très fréquente dans les proverbes chinois. Selon le résultat des statistiques tirées du *Dictionnaire des proverbes usités*, édité par Shanghai Lexicographical Publishing House, parmi les 96 proverbes qui commencent par le mot《 一 》, on a 76 proverbes qui contiennent une comparaison ou une métaphore, parmi les 150 proverbes qui commencent par le mot《 人 》, la plupart font apparaître cette figure de style.

On constate que le proverbe français est aussi imagé et métaphorique. En reliant deux objets qui possèdent des similarités par cette figure de style, la vérité peut être expliquée expressivement.

En employant ce procédé rhétorique, on peut exprimer un lien symbolique entre deux objets ou deux réalités, par une expression brève et originale. Si l'on trouve les proverbes expressifs, c'est parce qu'ils utilisent des images. En chinois, comme en français, cette figure de style peut s'exprimer par deux procédés distincts : la comparaison et la métaphore.

1.2.1 La comparaison

La comparaison exprime directement et explicitement le lien symbolique entre deux objets par des termes de comparaison. En chinois, on a les termes :《 如 》,《 像 》,《 似 》,《 是 》, et en français, les termes :《 ressembler à 》,《 comme 》,《 tel 》 sont fréquents dans les proverbes. Par exemple :

伴君**如**伴虎。

Ce proverbe exprime la nécessité d'être prudent à proximité des personnages puissants, qui sont souvent capricieux.

困难**像**弹簧，你弱它就强。

Ce proverbe signifie que l'attitude est primordiale face aux dangers et obstacles.

时间**好似**河流水。

La comparaison entre le temps et l'eau courante est très fréquente dans les proverbes chinois, les proverbes de ce genre invitent à ménager le temps parce que l'il est précieux et que l'on ne peut pas le faire revenir.

人**是**铁，饭**是**钢，一顿不吃饿得慌。

Ce proverbe signifie qu'il est difficile de travailler avec le ventre vide et que la santé est la base du succès professionnel.

En français, on trouve aussi des proverbes qui contiennent une comparaison pour exprimer directement l'assimilation entre deux objets ou deux idées :

Il **ressemble aux** chaudronniers, il met la pièce à côté du trou.

Dans ce proverbe, le terme de comparaison « ressembler à » explicite directement la similarité entre un chaudronnier qui exécutent son travail par manière d'acquit et une personne inattentive, ce qui nous donne une impression profonde.

Un autre exemple :

169

Cela se voit **comme** le nez au milieu du visage.

Dans ce proverbe, la comparaison avec le nez est introduite par le terme de comparaison « comme », pour expliquer expressivement un fait bien évident.

Les proverbes français qui contiennent un terme de comparaison ne manquent pas dans la langue :

Tel père, tel fils.
Si on lui en donne long comme un doigt, il en prend long comme un bras.

Avec ces exemples, on constate que la comparaison est une figue de style très courante dans les proverbes. Avec la comparaison, on peut avoir une compréhension plus claire sur les objets et les réalités. La vérité devient plus évidente et plus facile à comprendre.

1.2.2　La métaphore

La métaphore est une figure de style qui est fondée sur l'analogie et la substitution, elle consiste à relier deux objets ou deux réalités par une comparaison implicite. Contrairement à la comparaison, la métaphore ne fait pas apparaître de termes relationnels, et le nom que l'on emploie de façon métaphorique change ce faisant de sens.

Par exemple, en chinois, le sens habituel du mot 《 糟糠 》 est la nourriture grossière des pauvres, mais dans la plupart des proverbes, ce mot indique une femme qui a partagé une vie difficile avec son marie, d'où les proverbes chinois suivant :

不弃糟糠。

En fait, ce proverbe veut dire que la femme qui a partagé une vie difficile avec son mari ne doit pas être mise à côté quand le mari devient riche et noble.

Dans les proverbes chinois, la métaphore est plus fréquente que la comparaison. Par exemple :

杀鸡焉用牛刀。

Ce proverbe veut dire qu'il n'est pas nécessaire d'envoyer les personnages importants pour résoudre un problème assez simple.

枪打出头鸟。

Ce proverbe est utilisé pour persuader les gens de ne pas se montrer publiquement de façon provocante.

不入虎穴,焉得虎子。

Ce proverbe signifie qu'il faut s'exposer au danger pour connaître la réussite professionnelle et que l'on ne peut pas obtenir de brillants succès si l'on ne travaille pas avec effort.

Dans les proverbes français qui utilisent la métaphore, le terme comparé est alors absent et sous-entendu, la relation entre deux réalités est implicite. Par exemple :

La vengeance est un plat qui se mange froid.

Dans ce proverbe, on a relié《 la vengeance 》, le comparé, et《 un plat 》, le comparant, par une métaphore pour nous expliquer qu'il faut attendre une bonne occasion pour venger une injustice et qu'il ne faut pas chercher une réussite rapide.

C'est dans les vieux pots qu'on fait les meilleures soupes.

Dans ce proverbe, on n'a que le comparant, « les vieux pots », le comparé, qui est implicite, est les personnes âgées, ce proverbe signifie que les personnes âgées ont une meilleure connaissance du monde.

On trouve aussi d'autres exemples :

Quand on parle du loup, on en voit la queue.

Quand le chat n'est pas là, les souris dansent.

Vivre c'est combattre.

Dans ces exemples, on trouve que la métaphore est souvent utilisée dans les proverbes chinois, malgré l'absence de termes comparatifs, voire d'un comparé, la relation présentée par la métaphore entre les deux objets ou les deux réalités est bien évidente.

1.3 La personnification

La personnification est une figure de style qui consiste à attribuer des traits, des sentiments ou des comportements humains à une chose inanimée ou à une abstraction. Cette figure de style est souvent considérée comme un cas particulier de métaphore, elle implique un comparé inanimé et un comparant animé. L'emploi de la personnification dans les proverbes provoque généralement une impression forte. Prenons d'abord quelques proverbes chinois comme exemple :

黄鼠狼给鸡拜年。

Dans ce proverbe, on décrit les deux animaux, le putois et la poule, comme deux personnes, on sait bien que le putois a de mauvaises intentions quand il rend visite à la poule. Alors, ce proverbe souvent utilisé pour attaquer les gens qui ont une pensée malhonnête et de mauvaises intentions : on emploie la personnification pour assimiler les personnes agissant avec une arrière-pensée à l'animal peu noble qu'est le putois.

狐假虎威。

Ce proverbe apparaît d'abord dans un ouvrage de la Chine antique : *Stratagèmes des Royaumes combattants*, et vient d'une fable chinoise. Dans ce proverbe, on décrit aussi les deux animaux, un renard et un tigre, comme deux personnes : la personnification est utilisée pour exemplifier le comportement de ceux qui soumettent les gens en s'appuyant sur la puissance d'un autre.

On trouve aussi la personnification comme procédé rhétorique dans les proverbes français :

C'est la poêle qui se moque du chaudron.

173

Dans ce proverbe, on donne aux marmites une sensibilité humaine. On sait bien que la poêle et le chaudron sont des marmites différentes, la poêle est une marmite qui a un manche, et le chaudron est une marmite qui a des poignées. C'est la seule chose qui les différencie vraiment : ce proverbe s'en prend donc à ceux qui se moquent de leurs semblables.

Le léopard ne salue pas la gazelle, si ce n'est pour suer son sang.

Ici, la personnification permet d'illustrer le comportement de ceux qui n'agissent jamais sans arrière-pensée, le léopard étant un animal carnivore, friand de gazelles.

Avec ces exemples, on constate que la personnification peut donner aux objets inanimés ou aux animaux une émotion humaine, ce qui ajoute à l'effet percutant de ces proverbes.

1.4   L'antithèse

L'antithèse est une figure d'opposition， elle se manifeste par le rapprochement de deux antonymes. En employant cette figure de style dans les proverbes， on peut révéler la nature d'un objet et augmenter l'expressivité de l'énoncé. Cela consiste à créer un contraste frappant qui permet de souligner la contradiction entre deux objets. En chinois， on a des proverbes qui contiennent l'antithèse ：

狗嘴里吐不出象牙。

Dans ce proverbe， l'ivoire et la gueule du chien sont opposés， l'ivoire étant la dent de l'éléphant， il est donc sûr que l'on ne peut pas la trouver dans la gueule d'un chien. Ce proverbe signifie qu'une bouche sale ne peut pas prononcer la langue décente， il est utilisé pour stigmatiser les gens grossiers.

雷声大，雨点小。

Ici，《 de grands coups de tonnerre 》 et 《 une petite pluie 》 forment une opposition， parce que， généralement， le roulement de tonnerre est accompagné d'une pluie torrentielle. Ce proverbe veut dire que l'on élabore un grand projet mais sans grand résultat.

Dans les proverbes français， on constate que l'antithèse est aussi souvent utilisée comme procédé rhétorique ：

Ami au prêter， ennemie au rendre.

Dans ce proverbe， il y a deux groupes d'antonymes， 《 ami 》 contre 《 ennemie 》，《 prêter 》 contre 《 rendre 》， ces deux oppositions explicitent fortement la relation entre l'amitié et l'argent，en signifiant qu'ils ne font pas bon ménage.

Faire la pluie et le beau temps.

On constate qu'il existe une opposition entre《 la pluie 》et《 le beau temps 》dans ce proverbe pour ironiser les gens qui abusent tyranniquement de son pouvoir.

Avec l'antithèse，on crée entre deux objets une opposition qui augmente fortement l'expressivité des proverbes.

1.5　La métonymie

La métonymie est une figure de style qui consiste à désigner une chose par le nom d'une autre chose avec laquelle elle entretient un rapport de contiguïté. On peut remplacer un substantif par un autre dans le cours d'une phrase，c'est une figure qui opère un changement de désignation. On constate souvent l'utilisation de métonymie dans les proverbes chinois：

一日不见，如隔三秋。

Dans ce proverbe，le mot《 秋 》représente une année，parce qu'il y a un automne par an. Passer trois automnes，c'est passer trois années.

三个臭皮匠，顶个诸葛亮。

Dans ce proverbe，le nom de Zhuge Liang（《 诸葛亮 》）représente les gens qui atteignent la sagesse suprême. Quant au cordonnier，il est le représentant des gens dont l'intelligence est ordinaire. Alors，ce proverbe signifie que la sagesse des masses est supérieure à celle de l'individu le plus sage.

La métonymie est aussi très présente dans les proverbes français，pour rendre la langue plus humoristique et plus expressive. Par exemple :

> Bonne renommée vaut mieux que ceinture dorée.

Dans ce proverbe, « ceinture dorée » illustre la richesse : la renommée est plus importante que la fortune.

> Si jeunesse savait, si viellesse pouvait.
> Jeunesse paresseuse, viellesse pouilleuse.

Dans ces deux proverbes, on a deux notions abstraites : « jeunesse » et « viellesse » qui indiquent les concrets : les « jeunes gens » et les « vieillards ».

Avec ces exemples, on remarque que la métonymie est très fréquente dans les proverbes chinois et français, parce qu'elle permet de produire des expressions courtes et frappantes.

Bien que le mandarin chinois et le français soient deux langues très différentes, les proverbes français et chinois possèdent quelques caractéristiques linguistiques communes. Grâce à ces études et recherches sur les procédés rhétoriques utlisés dans les proverbes chinois et français, on remarque de nombreuses similarités entre les procédés employés dans les deux langues.

Mais il n'est pas toujours aisé de traduit ces proverbes, parce qu'il existe à la fois des similarités et des différences culturelles. Dans ce qui suit, nous mettrons donc l'accent sur les similarités et les différences culturelles qui apparaissent dans les proverbes chinois et français.

2   Similarités culturelles entre les proverbes français et chinois

« Ce que le peuple de diverses cultures possède en commun est plus grand que ce qui les sépare l'une de l'autre.[1] » Des similarités culturelles existent non seulement entre les peuples de différents pays, mais aussi entre leurs différents âges. Il existe même certains traits culturels qui paraissent universels, tels que la relation sociale, la réponse à la bienveillance humaine et à l'amour, l'aspiration à trouver le sens de vie, les connaissances générale sur la nature, etc.

Ainsi, en comparant culture chinoise et culture française, on trouve des similarités et les ressemblances.

Gu Hongming, grand savant chinois de Malaisie du XIXe siècle, a écrit dans Son livre *The Spirit of the Chinese People* : « Dans le monde entier, il n'y a que les Français qui comprennent le mieux la Chine et sa civilisation, parce que les Français possèdent un esprit aussi extraordinaire que celui des Chinois.[2] » En effet, ces deux pays ont tous une longue histoire et une culture brillante.

La Chine est le berceau de la culture orientale et a une grande influence sur le développement de la civilisation de l'Asie et du monde. La France, depuis le Moyen âge, est le centre de la culture occidentale et a beaucoup influencé le développement de la civilisation euporéenne et du monde. Ces deux pays ont apporté au monde de grands penseurs, des philosophes, des écrivains, et aussi les meilleurs arts culinaires. On trouve aussi des ressemblances sur les coutumes et les habitudes des habitants de ces pays qui transparaissent dans les proverbes. Considérons d'abord quelques proverbes chinois et leurs équivalents français pour en trouver les similarités :

瑞雪兆丰年。

Année nuageuse, année fructueuse.

远亲不如近邻。

Mieux vaut son bon voisin que longue parenté.

---

[1]   NIDA E.A., *Language and Culture : Context in Translation*, Shanghai : Shanghai Foreign Language Education Press, 2001, p. 122.

[2]   https://archive.org/stream/spiritofchinesep00guhorich#page/n13/mode/2up.

177

千里之行，始于足下。

Pas à pas，on va loin.

趁热打铁。

Il faut battre le fer pendant qu'il est chaud.

涓涓之水，汇成江河。

Les petits ruisseaux font les grandes rivières.

雨过天晴。

Après la pluie，le beau temps.

En comparant les proverbes cités ici，les apprenants seraient surpris de découvrir ces similarités entre les deux langues et cultures différentes. En fait，ces similarités viennent des connaissances communes de l'être humain sur la nature，bien que les peuples de deux pays soient géographiquement éloignés.

En outre，la culture est un système ouvert qui a une grande aptitude à contenir et à accepter les cultures étrangères. Dans le développement d'une culture，il arrive souvent que l'on empruntedes éléments à une culture étrangère. Par exemple，en chinois，on trouve le proverbe ：

以眼还眼，以牙还牙。

Œil pour œil，dent pour dent.

En réalité，ce proverbe procède du français.

En revanche，le proverbe français 《 chercher des poissons sur un arbre 》 vient de la traduction littérale du proverbe chinois 《 缘木求鱼 》. Tous les facteurs contribuent à la compréhension mutuelle entre les peuples.

Les animaux ont une relation importante avec la vie et le développement de l'être humain. Pendant une longue période de coexistence，les hommes ont considéré les animaux comme une source d'inspiration，par conséquent，ces derniers sont souvent mentionnés dans les proverbes. En profitant des connaissances sur les activités et les habitudes des animaux，on essaie d'expliquer la loi de la nature, la relation entre les hommes et les animaux et de tirer, par l'expression proverbiale, des leçons de cette relation.

2.1   La connotation identique exprimée par le même animal

Bien que les cultures des pays soient différentes en raison de leurs histoires et les facteurs géographiques, il est probable que leurs habitants partagent les mêmes représentations d'un animal. Considérons les exemples suivants.

En France comme en Chine, le chien est l'un des animaux domestiques les plus populaires ; par conséquent, on trouve dans les deux langues des proverbes qui font mention de cette relation à l'espèce canine :

> 忠诚得像狗一样。
>
> Fidèle comme un chien.

Mais en même temps, on a aussi des proverbes dans lesquels la figure du chien est négative, en français :

> Un caractère de chien.
>
> Quel temps de chien.
>
> Être chien avec quelqu'un.

Et en chinois :

> 狗仗人势。

Ce proverbe persifle celui qui utilise sa position pour intimider les autres.

> 狗胆包天。

Ce proverbe est utilisé pour critiquer l'audace démesurée.

En chinois et en français, le chien peut aussi être une bonne illustration de la soumission, comme dans les proverbes :

Faire le chien couchant.
做走狗。

Dans la culture chinoise, le corbeau est considéré comme un oiseau bruyant, son apparition est le présage des accidents et de la malchance. Alors les proverbes chinois qui contiennent le mot corbeau (《 乌鸦 》) ont un sens péjoratif, par exemple :

天下乌鸦一般黑。

Ce proverbe signifie que les mauvaises personnes se ressemblent toutes, d'où qu'elles viennent. Alors, le corbeau est le symbole de la malveillance.

乌鸦嘴。

Ce proverbe est souvent utilisé pour décrire une personne ennuyeuse qui prophétise constamment des catastrophes.

En français, la valeur de cet animal est aussi dépréciative. Le corbeau est le symbole des personnes qui usent de tous expédients. Par exemple, Henry Becque a écri dans la pièce de théatre *Les Corbeaux* :

《 Voyez-vous, quand les hommes d'affaires arrivent derrière un mort, on peut bien dire : v'là les corbeaux ! Ils ne laissent que ce qu'ils ne peuvent pas emporter.[1] 》

---

[1] BECQUE H., *Les Corbeaux : Pièce en quatre actes*, Cornel : Tress, 1882, p. 122.

Dans la culture chinoise, le mouton est un animal doux et docile, alors on a un proverbe en chinois :

温顺如羊。

Ce proverbe est souvent utilisé pour décrire une personne de bon caractère et d'humeur facile.

En français, on trouve aussi des proverbes qui figurent le mouton pour décrire quelqu'un de docile et de obéissant.

Suivre comme un mouton.

Au contraire, le loup, l'ennemi naturel de mouton, est considéré comme animal brutal. En chinois, on a des proverbes comme :

狼子野心。

Le louveteau est le petit du loup, ce proverbe signifie que la nature de louveteau est brutale même s'il est encore petit. Cette métaphore est souvent utilisée pour décrire les gens violents qui ont de folles ambitions.

En français, le loup est aussi le symbole de violence :

Qui se fait brebis, le loup le mange.

Nous avons énuméré quelques exemples pour prouver qu'il existe destraces de similarités culturelles dans les proverbes chinois et français, notamment concernant la représentation des animaux. Alors dans l'apprentissage et la traduction de ces proverbes, on peut très certainement profiter de ces similarités.

181

2.2 La connotation identique exprimée par des animaux différents

Les perceptions des peuples de ces deux pays concernant les animaux ne sont toujours pas identiques. Par conséquent, on trouve aussi dans les proverbes chinois et français les mêmes vérités exprimées par le recours à des animaux différents.

Par exemple, en chinois, on trouve le proverbe suivant :

对牛弹琴。

Ce proverbe critique le fait de montrer des objets précieux à ceux qui ne savent pas les admirer et d'expliquer quelque chose à ceux qui ne peuvent comprendre.

On trouve l'équivalent de français de ce proverbe :

Ne jetez pas vos perles devant les pourceaux.

Dans ces deux proverbes, les comparants sont différents, mais ils symbolisent tous deux des personnes qui ne savent pas choisir leur audience. Les proverbes ont le même sens, la similarité culturelle est bien manifeste.

Les exemples ne manquent pas dans ces deux langues. En chinois, on a le proverbe :

兔子不吃窝边草。

Ce proverbe veut dire qu'il ne faut pas nuire à ses voisins. Son équivalent du français est :

Un bon renard ne mange pas les poules de son voisin.

Les comparants de ces deux proverbes sont différents, mais on constate qu'il existe des similarités culturelles, on peut faire une analogie entre la relation qui lie le lapin à l'herbe et celle qui lie le renard à la poule. On utilise des animaux différents pour exprimer la même vérité : il faut traiter ceux qui nous entourent avec respect.

Citons un autre proverbe chinois :

山中无老虎，猴子称霸王。

Dans le proverbe chinois, le tigre représente les gens de grande puissance, et le singe les gens de talents médiocre. Par conséquent, sans l'absence du tigre, le singe ne peut jamais être le roi de la montagne.

Son équivalent du français est le proverbe suivant :

Quand le chat n'est pas là, les souris dansent.

En comparent ces deux proverbes, on constate que la relation entre le singe et le tigre est analogue à celle qui existe entre les souris et le chat. On a employé des animaux différents pour résumer une même expérience : quand l'autorité supérieure est absente, les subalternes en profitent.

En chinois, on trouve le proverbe :

放鸽子。

Ce proverbe signifie que quelqu'un manque à un engagement, à un rendez-vous. Son équivalent de français contient un autre animal :

Poser un lapin.

En compant ces deux proverbes, on trouve que la similarité culturelle est exprimée par deux animaux différents.

Dans les proverbes que l'on a cités ci-dessus, les similarités culturelles exprimées par les animaux nous permettent de mieux comprendre certaines caractéristiques culturelles françaises. Comprendre les similarités entre des cultures différentes crée une passerelle qui favorise l'apprentissage de la langue. Après avoir analysé les similarités culturelles exprimées dans les proverbes chinois et français, il faut aussi analyser certaines différences culturelles qui ont une influence importante sur l'enseignement du français pour les apprenants de niveau intermédiaire et avancé.

3   Différences culturelles révélées dans les proverbes français et chinois

Ayant analysé les similarités culturelles révélées dans les proverbes français et chinois, on constate que les différences entre les deux cultures peuvent aussi être exprimées dans ces locutions figées.

3.1   Habitudes alimentaires

L'aliment est une partie très importante de la vie humaine, en Chine, ontrouve le proverbe :

> 民以食为天。

Nous avons besoin de manger tous les jours pour survivre. Les différentes cultures comprennent leurs propres habitudes alimentaires, généralement centrales et jugées extrêmement importantes.

L'histoire de la gastronomie de ces deux pays est aussi ancienne que leur civilisation，et en fait pleinement partie. Avec un plat ou une façon de cuire，on a déjà l'impression de sentir la culture du pays. La Chine et la France représentent respectivement la culture alimentaire de l'Orient et la cuisine occidentale. Du fait de l'influence de leurs caractéristiques géographiques，du climat，des coutmes et traditions，il existe de grandes différences entre les habitudes alimentaires qui transparaissent dans les proverbes chinois et français.

Prenons un proverbe chinois ：

萝卜青菜，各有所爱。

L'équivalent proverbial français serait ：《 Chacun son goût. 》 Ce proverbe est employé pour indiquer que chaque individu a ses préférences et peut convoiter tel objet ou défendre telle idée qu'un autre rejetterait. Cette expression est très vivante en chinois，parce que le radis et le chou sont deux sortes de légumes très communs en Chine，et représentent les goûts ou les opinions différentes. Mais pour les Français，ces deux légumes ne peuvent pas laisser une impression forte. Si l'on voulait traduire ce proverbe en français，on utiliserait probablement d'autres aliments ：《 pomme 》 et 《 oignon 》 qui sont plus communs en France.

En revanche，on trouve souvent le pain dans les proverbes français，parce qu'en France，le pain est la nourriture la plus importante.

Enlever le pain de la bouche à quelqu'un.

Ce proverbe signifie que l'on retire les moyens de subsistance à quelqu'un，notamment en le privant de la possibilité de travailler. Le 《 pain 》 représente ici les moyens de subsistance qui sont les plus important. Si l'on traduit ce proverbe en chinois，on dira plutôt ：

抢了某人的饭碗。

Parce que, dans la culture chinois, 《 le bol 》 est le symbole des moyens des subsistances, étant le contenant alimentaire le plus utilisé en Chine.

À travers les proverbes français que l'on cite ici, les apprenants peuvent constater que le pain occupe une place si importante en France. En Chine, au contraire, généralement, ce sont généralement le blé et le riz qui jouent le même rôle que le pain dans la cuisine.

Un autre aliment important dans la cuisine française est le fromage. On a un proverbe français :

Un dessert sans fromage est une belle à qui il manque un œil.

Ce proverbe a bien présenté l'habitude alimentaire des Français : on mange du fromage avant le dessert. Ni dessert, ni fromage ne font partic des habitudes alimentaires chinoises : en expliquant ce proverbe aux apprenants, on leur permet d'entrevoir certaines différences cultruelles entre la France et la Chine.

3.2 Croyances religieuses

La religion occupe une place importante dans la culture populaire, et ce de façon très différente en France et en Chine.

En Chine, le bouddhisme est la religion dominante et influe largement sur les représentations des Chinois. Par conséquent, de nombreux proverbes chinois sont étroitement liés au bouddhisme, par exemple :

泥菩萨过河，自身难保。

Dans le bouddhisme, le bouddha est capable de sauver toutes les créatures vivantes. Mais dans ce proverbe, on a utilsé le syntagme《 泥菩萨 》pour décrire une personne qui est à peine capable de se sauver et qui est incapable d'aider les autres.

做一天和尚，撞一天钟。

Sonner la cloche est une des pratiques bouddhistes，que les moines exécutent tous les jours. Ce proverbe est utilisé pour décrire une personne qui a une attitude passive dans son travail.

救人一命，胜造七级浮屠。

Dans le bouddisme，une pagode est un temple bouddhique d'Extrême-Orient qui comportent plusieurs étages. On peut accumuler de la vertu en construisant les pagodes. Ce proverbe signifie que l'on peut obtenir des mérites et des vertus sans limites quand on sauve une vie.

Le taoïsme est aussi une religion qui occupe une place importante dans l'histoire de la Chine. Il est une tradition philosophico-religieuse qui incite l'homme à se conformer au principe fondateur de l'univer. Il existe aussi des proverbes liés à cette religion，par exemple :

道高一尺，魔高一丈。

Dans ce proverbe，le《 道 》est le symbole de la vertu，le《 魔 》est le symbole du vice，il veut dire que la loi est forte，mais les bandits sont dix fois plus forts.

八仙过海，各显其能。

Dans ce proverbe，les huit immortels sont des divinités du taoïsme. Ce proverbe vient d'un récit mythologique : pour rentrer d'une visite sur l'île magique de Penglai，les huits immortels décident sur l'initiative de Lü Dongbin

187

de ne pas prendre le bateau，ils transforment leurs talismans en embarcation pour prouver leurs dons de magie. Ce proverbe signifie donc que chacun a son propre savoir-faire.

En revanche，c'est le christianisme qui a le plus marqué la culture française. Par conséquent，on trouve souvent les images de Dieu，d'ange et de diable dans les proverbes français，par exemple :

> Il vaut mieux s'adresser à Dieu qu'à ses savants.
>
> L'homme propose et Dieu dispose.
>
> Vendre son âme au diable.
>
> Parole d'ange, ongle de diable.
>
> Rendez à César ce qui appartient à César, et à Dieu ce qui appartient à Dieu.

À cause de ces différences entre la culture religieuse des Chinois et celle des Français，la compréhension et la traduction de ces proverbes sont un peu difficiles pour les apprenants. Par exemple，on traduit le proverbe 《 Il vaut mieux s'adresser à Dieu qu'à ses savants. 》en chinois :

> 阎王好见,小鬼难缠。

Dans les religions chinoises，c'est《 阎王 》qui est en charge de la vie et de la mort de l'être humain，par conséquent，on emploie le syntagme 《 le roi des enfers 》dans ce proverbe qui signifie que les laquais sont encore plus difficiles à traiter.

Considérons un autre exemple. On traduit le proverbe 《 L'homme propose et Dieu dispose. 》en chinois :

> 谋事在人,成事在天。

En comparant ces deux proverbes，on constate que dans la culture chinoise， le ciel joue le même rôle que Dieu dans la culture française.

La Bible est considérée comme la base culturelle principale de la culture occidentale et elle est aussi la source de beaucoup de proverbes français. Par exemple :

Trouver son chemin de Damas.

Ce proverbe provient de la Bible. Il est d'origine biblique « faisant allusion à la conversion de Saint Paul due à une vision alors qu'il se rendait à Rome. En effet, c'est sur le chemin de damas que Saul de Tarce, citoyen romain agent du clergé juif, dont le passe-temps était de persécuter les chrétiens, eut une vision de Jésus et entendit sa révélation qui provoqua sa conversion. Il devint apôtre sous le nom de Saint Paul.[1] » Il signifie qu'il faut s'attacher à trouver le chemin ou le métier convenables pour soi.

Un autre proverbe français « Œil pour œil, dent pour dent » est tiré de l'Ancien testament. Il renvoie à la culture de la vengeance et de la justice individuelle et non-institutionalisée. Avec la popularisation de la culture occidentale, ce proverbe est entré dans la langue chinoise et devient une expression figée en chinois.

Apprendre ces proverbes et connaître ces différences peuvent aider à comprendre la culture française et à former la compétence interculturelle.

3.3   Allusions historiques et littéraires

Chaque pays a sa propre histoire. Au cours des développements historiques, sont créés un grand nombre de légendes et mythes qui constituent la source de nombreux proverbes. Les allusions venues de la littérature classique sont aussi

---

[1]   http://www. expressions-francaises. fr/expressions-t/1921-trouver-son-chemin-de-damas. html. (Un site présentant les expressions françaises.)

employées dans les proverbes, à travers celle-ci, on constate que les proverbes portent des marques culturelles propres au peuple et à la langue qui les produit.

En chinois, ontrouve un proverbe :

塞翁失马,焉知非福。

Ce proverbe provient d'une histoire dans le livre *Huainanzi* (淮南子). On traduit ce proverbe en français : 《 à quelque chose malheur est bon 》, ce proverbe signifie qu'une affaire mauvaise peut se transformer en bonne affaire sous certaine condition, et vice versa.

Parmi les proverbes français, beaucoup viennent des *Fables* de la Fontaine et d'Esope, du théâtre de Molière, et des mythes grecs, etc. Par exemple :

Réchauffe un serpent dans ton sein, il te mordra.

Ce proverbe procède d'une fable d'Esocpe :

《 Un laboureur trouva dans la saison d'hiver un serpent raidi par le froid. Il en eut pitié, le ramassa et le mit dans son sein. Réchauffé, le serpent reprit son naturel, frappa et tua son bienfaiteur, qui, se sentant mourir, s'écria : "Je l'ai bien mérité, ayant eu pitié d'un méchant."[1] 》 Cette fable montre que la perversité ne change pas, quelque bonté qu'on lui témoigne.

Dans l'explication de ce proverbe, on peut faire l'analogie avec une histoire chinoise :《 Monsieur Dongguo et le loup 》, notée dans le livre 中山狼传 (*Mr. Dongguo and the Wolf*) de Ma Zhongxi sous la dynastie des Ming :

Il était une fois un bon homme qui s'appelle Dongguo. Un jour, en rentrant chez lui, il a rencontré un loup blessé. Le loup lui a demandé de l'aide en pleurant pitoyablement, 《 Au secours, monsieur, des chasseurs sont après moi

---

① http://www.fablesaffables.fr/le-laboureur-et le serpent-gele/. (Un site sur les fables françaises.)

pour me tuer. 》

Monsieur Dongguo l'a pris en pitié et caché dans son sac. Quand les chasseurs sont venus et lui ont demandé s'il avait vu un loup, il mentit. Les chasseurs partirent et le loup fut sauvé.

En sorant du sac, le loup saute sur Monsieur Dongguo pour le manger. À ce moment arrive un agriculteur. Sans aucune hésitation, il tue le loup cruel avec sa houe.

Monsieur Dongguo sauvé, plein de reconnaissance, dit à l'agriculteur : 《 J'avais tort, je ne dois pas prendre l'ennemi en pitié. 》

En comparant les deux histoires, on dégage une vérité : certains sont très ingrats envers leurs bienfaiteurs et on ne doit secourir que les individus convenables et droits.

Il existe aussi des proverbes qui proviennent de la littérature française, tel que : 《 avare comme Harpagnon 》, 《 couper l'arbre pour avoir le fruit 》, etc. Les allusions, légendes et mythes qui sont derrière les proverbes rendent la langue plus expressive et transmettent le charme culturel d'une nation aux lecteurs étrangers. En apprenant ces proverbes, on peut acquérir des connaissances sur la littérature française.

191

4   Conclusion

Un proverbe est comme une fenêtre, par laquelle les apprenants peuvent entrevoir des coutumes exotiques, des légendes mystérieuses, des mythes, des religions et des valeurs étrangères. Tous ces facteurs ajoutent un aspect fascinant à la communication interculturelle. Par conséquent, l'apprentissage des proverbes constitue une partie importante de l'acquisition d'une langue étrangère et de la formation d'une compétence interculturelle.

Dans ce chapitre, nous avons commencé par analyser les procédés rhétoriquesles plus fréquents dans les proverbes français et chinois. On s'est intéressé à des figures de style telles que la rime, l'allitération, la comparaison, la métaphore, la personnification, l'antithèse, la répétition, la métonymie et l'hyperbole. On constate que ces figures de style sont toutes utilisées dans les proverbes de ces deux langues, par conséquent, l'analogie peut être pratiquée dans l'analyse des procédés rhétoriques au cours de l'apprentissage.

On a ensuite présenté les similarités culturelles exprimées dans les proverbes français et chinois. Les ressemblances qui existent entre les coutumes et habitudes des habitants de ces pays peuvent transparaître dans les proverbes. On a pris les animaux comme exemple pour expliquer les similarités culturelles : certains animaux sont utilisés dans les langues pour traduire une représentation identique ; d'autres proverbes expriment la même idée, mais en l'illustrant pas des animaux différents. À travers l'analogie, la compréhension des proverbes devient donc plus facile pour les apprenants.

Enfin, on a présenté les différences culturelles exprimées dans les proverbes chinois et français. Comme les habitudes alimentaires, les croyances religieuses, les histoires, les littératures et les perspectives esthétiques sont différente en Chine et en France, on peut acquérir des connaissances concernant tous ces domaines dans le processus d'apprentissage des proverbes, et ce faisant, former la compétence interculturelle des apprenants.

Chapitre 8

Former la compétence pragmatique par analogie

Le but de l'apprentissage d'une langue étrangère est de savoir l'utiliser convenablement dans la communication. Mais depuis longtemps, l'enseignement des langues étrangères en Chine met l'accent sur les connaissances grammaticales et la formation de compétences linguistiques en vue des examens, ce qui crée des problèmes d'utilisation des langues étrangères. Par conséquent, il faut aussi former la compétence pragmatique des apprenants pour améliorer leur capacité à la communication.

1   La compétence pragmatique

Quant à la compétence pragmatique, le *Cadre européen commun de référence* nous a donné la définition : « La compétence pragmatique recouvre l'utilisation fonctionnelle des ressources de la langue (réalisation de fonctions langagières, d'actes de parole) en s'appuyant sur des scénarios ou des scripts d'échanges interactionnels. Elle renvoie également à la maîtrise du discours, à sa cohésion et sa cohérence, au repérage des types et genres textuels, des effets d'ironie, de parodie. Plus encore pour cette composante que pour la composante linguistique, il n'est guère besoin d'insister sur les incidences fortes des interactions et des environnements culturels dans lesquels s'inscrit la construction de telles capacités.① 》

Avec cette explication, on constate que la compétence pragmatique permet d'utiliser et de comprendre une langue. Pour un apprenant de langue étrangère, elle constitue une compétence communicationnelle, c'est-à-dire la capacité à interagir dans la conversation en langue étrangère. Si l'on veut délelopper la compétence pragmatique des apprenants, il faut les aider à :

1）comprendre complètement le sens des énoncés ;

2）comprendre les énoncés selon le contexte ;

3）véhiculer le 《 vouloir dire 》.

Il s'agit ici de la capacité à comprendre et à partiquer une langue étrangère.

Les apprenants de niveau intermédiaire et avancé ont déjà une bonne compétence linguistique, mais dans la communication avec les Français, ils rencontrent souvent des problèmes, parce que 《 des apprenants avancés linguistiquement […] ne disposent pas automatiquement d'une compétence pragmatique avancée② 》, par conséquent, la formation d'une compétence pragmatique est vraiment importante dans ce domaine.

Dans le processus d'apprentissage, il est rare que les apprenants chinois puissent accéder à un environnement linguistique, et encore plus rare qu'ils puissent communiquer avec des locuteurs natifs.

La fonction la plus importante d'une langue est la communication. Si l'on ne parvient pas à utiliser la langue dans la communication réelle, on ne peut pas être un apprenant qualifié de la langue. Nous insistons sur l'enseignement de la pragmatique parce qu'il existe un besoin manifeste de la part des apprenants, et de plus, nous constatons qu'une formation à la pragmatique peut avoir des

---

① *Cadre européen commun de référence*, Paris : Didier, 2001, pp. 17 - 18.

② THALER V., 《 L'enjeu de la compétence pragmatique en langue étrangère : une étude sur les procédés de mitigation en allemand L1 et L2 》, *Revue candienne de linguistique appliquée*, Vol. 11, N°3, 2008, p. 194 http://www.aclacaal.org/wp-content/uploads/2013/08/5-vol-11-no3-art-thaler.pdf.

résultats positifs.

L'objectif principal de l'enseignement de la pragmatique est de développer la conscience pragmatique des apprenants etde leur donner la capacité d'adapter leurs interactions en langue française.

2   L'application de l'analogie dans l'enseignement de la pragmatique

Considérant l'importance de la compétence pragmatique, nous devons trouver une méthode efficace pour l'enseigner.

Un de mes élèves, à qui j'ai demandé comment il communiquait avec des Français, il a fourni la réponse suivante : « Je l'écoute, je traduis ce que j'entends en chinois, alors je le comprends. Pour lui répondre, j'organise les énoncés en chinois, et puis je les traduis en français. » C'est un phénomène commun chez les apprenants chinois, pour eux la conversation est une traduction. On constate que dans ce processus de conversation, ou plutôt d'interprètation, la pragmatique chinoise a une influence importante. Alors, dans l'enseignement de la pragmatique française, il nous faut prendre l'influence de la langue maternelle en considération, et par conséquent, la méthode analogique paraît la plus efficace et permet à la fois la formation d'une compétence pragmatique en français, et d'une capacité à saisir les différences culturelles entre français et chinois.

Selon la théorie des actes de langage, introduite par Austin et Searle, on effectue des actes lorsque l'on parle, et c'est en fonction de certains de ces actes que nous allons organiser notre recherche.

2.1 La demande

Dans les énoncés que l'on utilise pour exprimer une demande, on trouve des similarités et des différences entre le chinois et le français.

Quand on prononce un énoncé pour exprimer une demande, le but est de faire faire des choses à autrui. La demande peut être un commandement impératif, c'est-à-dire un ordre, l'énoncé est dans ce cas généralement assez court. Par exemple, pour demander à quelqu'un de fermer la porte, en français on dit :

> Fermez la porte.

En chinois, l'énoncé est court :

> 关门。

Si l'on veut donner l'ordre à une façon plus polie, on ajoute aux énoncés de départ une formule conventionnelle de politesse, en français « s'il vous plaît », en chinois « 请 », alors les énoncés deviennent plus longs :

> Ferme la porte, s'il vous plaît.
> 请关门。

Quand on veut exprimer cette demande plus poliement, l'énoncé s'allonge ; en français, on peut utiliser le conditionnel présent :

> Pourriez-vous fermer la porte, s'il vous plaît ?

En chinois, on ajoute les syntagmes comme « 劳驾 », « 麻烦 », etc. pour exprimer la politesse :

> 劳驾您关门。
>
> 麻烦您关门好吗？

En comparant ces deux énoncés qui expriment une demande, l'analogie entre le chinois et le français paraît acceptable. Mais dans la communication, la situation est plus complexe, il y a beaucoup d'éléments qui peuvent influencer l'effet communicationnel. Surtout dans une conversation interculturelle, quand les deux locuteurs parlent selon leur propre principe de politesse, il est possible d'avoir un échec de pragmatique Ici, nous citons un exemple classique donné par Tickoo[1], c'est un dialogue entre un agent de police chinois et son directeur britannique :

> Agent: Sir?
>
> Director: Yes, what is it?
>
> A: My mother is not very well, sir.
>
> D: So?
>
> A: She has to go into hospital, sir.
>
> D: Well, get on with it. What do you want?
>
> A: On Thursdays, sir.
>
> D: Bloody hell, man, what do you want?
>
> A: Nothing, sir.

C'est une situation conversationnelle très intéressante. Dans ce dialogue, on comprend que l'agent de police chinois veut demander un jour de congé, parce que sa mère est malade, il doit l'accompagner à l'hôpital jeudi. Mais après

197

---

[1]　TICKOO M. L., 《 In Search of Appropriateness in EF(S)L Teaching Materials 》, *RELC Journal*, N°19, 1988, p. 41.

la conversation avec son directeur, il n'arrive pas à demander un congé et son directeur se met en colère, le dialogue finit dans une situation embarrassante. Mais pourquoi cet échec pragmatique ?

Il s'agit ici d'une différence culturelle. Depuis l'antiquité, les Chinois préconisent une attitude discrète et prudente dans les actes ou les propos, on trouve l'expression directe d'un désir brutal et déplacée. Alors, dans le dialogue ci-dessus, l'agent de police demande son congé de façon indirecte. Il rapporte à son directeur la situation de santé de sa mère, le lieu et le temps de traitement en espérant en retour de la sympathie et de la compréhension afin de pouvoir, ensuite, demander un jour de congé. Ses actes et ses propos correspondent tout à fait au principe de politesse de la culture chinoise. Le problème est qu'il n'a pas pris en considération le principe de politesse de son interlocuteur. Dans la culture occidentale, la demande précède l'explication.

L'échec pragmatique est fréquent pour les Chinois dans la conversation en langue étrangère. Influencés par la culture chinoise, ils n'ont pas l'habitude d'exprimer une opinion ou une demande directement, ce phénomène est exprimé expressivement dans une figure par un chercheur allemand :

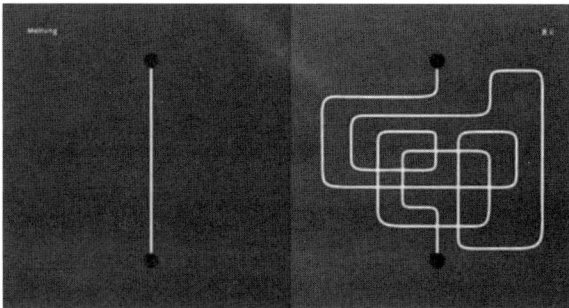

Figure 7   Différence de la façon de parler entre les Occidentaux et les Chinois[1]

---

[1]   http://shiq8.blog.163.com/blog/static/110293363201111311113327866/. (Un blog sur la différence entre la culture chinoise et la culture occidentale.)

Dans cette figure, la partie gauche de la figure présente la façon de parler des Occidentaux, la partie droite exprime celle des Chinois, la différence paraît évidente.

Par conséquent, dans l'enseignement de la pragmatique, on doit mettre l'accent sur la différence entre les habitudes pragmatiques des Français et des Chinois, et encourager les apprenants à exprimer leur demande directement pour évider l'incompréhension et l'échec pragmatique.

2.2   La salutation

La salutation est le commencement d'une conversation. Dans ce processus de conversation, il existe aussi des similarités et des différences entre la pragmatique française et la pragmatique chinoise.

En français, pour saluer l'interlocuteur, on trouve des énoncés dont les équivalents du chinois sont aussi utilisés dans la conversation :

《 Bonjour 》＝《 早上好 》/《 你好 》

《 Bonsoir 》＝《 晚上好 》

《 Bonne nuit 》＝《 晚安 》

《 (Comment) ça va ? 》＝《 最近怎么样 ？》

Si l'on compare les énoncés cités ici, l'analogie entre le chinois et le français est tout à fait acceptable dans l'enseignement. Mais dans la communication, il arrive souvent que les apprenants proposent des énoncés qui correspondent aux principes pragmatiques du chinois, mais qui ne correspondent pas à ceux du français. Par exemple, dans la salutation des Chinois, on aime bien demander à leur interlocuteur :

《 吃了吗 ？》

（Vous avez mangé ? ）

《 去哪儿啊 ? 》

（Où allez-vous ? ）

Ces deux énoncés sont les plus populaires dans la conversation des Chinois quand la distance sociale est assez courte. Malgré le fait que ces deux énoncés soient formellement des phrases interrogatives, ils n'ont pas de sens interrogatif, et les locuteurs n'attendent pas une réponse.

Pour le premier énoncé《 吃了吗 ? 》, en français《 Vous avez mangé ? 》, le locuteur ne s'interesse pas à la réponse de son interlocuteur. Quand l'interlocteur répond《 oui 》, on ne pose pas une question complémentaire《 Qu'est-ce que vous avez mangé ? 》《 Est-ce que c'était bon ? 》On propose cet énoncé dans la conversation seulement pour saluer. Cette sorte de salutation est propre à la culture chinoise. Selon Zheng Yefu, professeur de l'Université de Pékin, ce phénomène est fortement lié au dénuement alimentaire dans l'histoire de la Chine. Selon les statistiques de Chen Dan, sociologiste chinois, de 206 avant Jésus-Chris à 1936, durant deux mille ans, la Chine a connu 1031 inondations et 1060 sécheresses, qui ont eu une influence importante sur la culture chinoise. Par conséquent l'énoncé《 吃了吗 ? 》est très fréquent dans la conversation entre les Chinois. Mais quand on introduit cet énoncé dans une conversation avec des étrangers qui n'ont pas de connaissances sur la culture chinoise, l'échec pragmatique est presque inévitable.

Quant à l'énoncé《 去哪儿啊 ? 》, en français《 Où allez-vous ? 》, il ne demande pas non plus de réponsé de la part de l'interlocuteur. Dans la conversation entre Chinois, on rencontre souvent un dialogue un peu étrange pour ceux qui ne comprennent pas la culture chinoise :

《 去哪儿啊 ? 》

（Où vas-tu ? ）

《 嗯,出去。》

（Oui, je sors.）

Pour les interlocuteurs chinois, la réponse 《 je sors 》 est tout à fait acceptable, parce que celui qui pose la question 《 Où vas-tu ? 》 n'attend pas une réponse exacte, il ne cherche pas à connaître la destination de son interlocuteur.

Mais dans la converstion avec les français, on ne pose pas une question comme 《 où allez-vous 》 pour saluer quelqu'un : cela relève du privé. La réponse est 《 je sors 》, elle paraît inacceptable, parce que cette question, n'étant pas rhétorique, demande, lorsqu'elle est posée, une réponse précise.

Il faut faire attention à une autre différence entre la pragmatique française et la pragmatique chinoise. Quand on accueillit un ami à l'aéroport ou à la gare, la première phrase que les Chinois proposent est :

《 一路辛苦了。》

On peut la traduire mot à mot en français :

Vous avez beaucoup subi pendant le voyage.

En Chine, on a un proverbe :

《 在家千日好,出门一时难。》

（Il est bon de rester à la maison pour un an et il est difficile de sortir pour une heure.）

Dans la cultrue chinoise, le voyage paraît moins attrayant que la sédentarité. Par conséquent, pour faire preuve de sollicitude, on dit à quelqu'un qui revient d'un voyage :《 一路辛苦了 》, en français《 vous avez beaucoup subi pendant le voyage 》. Dans la conversation entre Chinois, l'interlocuteur est content de cette salutation, mais quand on introduit cet énoncé dans la communication avec un Français, l'interlocuteur est déstabilisé.

Par conséquent, dans la conversation avec les Français, il faut prendre la pragmatique française en considération, respecter les habitudes françaises afin d'éviter l'échec pragmatique.

2.3 L'excuse et le remerciement

« Ces deux actes ont en commun d'être de nature exclusivement "rituelle" : entièrement dévolus à l'exercices de la politesse, ce sont à coup sûr, en français, les actes les plus efficaces à cet effet, les plus abondamment utilisés dans toutes sortes de situations communicatives, et les plus représentatifs du *face-work*.[1] »

Dans la conversation, il existe aussi des similarités et des différences entre la pragmatique française et la pragmatique chinoise.

En français, pour demander pardon, on a des énoncés dont les équivalents chinois sont aussi utilisés dans la conversation :

《抱歉。》=《 Désolé. 》
《对不起。》=《 Pardon. 》
《不好意思。》=《 Excusez-moi. 》
《没关系。》=《 Pas grave. 》

Et pour exprimer le remerciement, on a des énoncés français dont les équivalents chinois sont aussi utilisés dans la conversation :

《谢谢。》=《 Merci. 》
《不客气。》=《 Je vous en prie. 》

---

[1] KERBRAT-ORECCHIONI C., *Les Actes de langage dans le discours : Théorie et fonctionnement*, Paris : Nathan, 2001, p. 122.

Ces énoncés correspondent au principe de politesse, la structure d'éconcé reflètant la distance sociale. Par exemple :

《 请您原谅我。》

(Je vous prie de m'excuser.)

《 我真的非常抱歉。》

(Je suis vraiment désolé.)

《 我非常感谢您的帮助。》

(Je vous remercie beaucoup de votre aide.)

Avec les exemples cités ici, nous constatons que l'analogie entre le français et le chinois est tout à fait applicable dans l'enseignement de la pragmatique. Mais il faut faire attention à une petite différence entre le français et le chinois.

En chinois, dans la langue courante, on dit 《 没事 》, en français 《 pas grave 》, pour pardonner à quelqu'un et aussi pour répondre à un remerciement. Par conséquent, il arrive que les apprenants chinois répondent 《 pas grave 》 à leurs interlocuteurs français quand ils les remercient : c'est un échec pragmatique, parce qu'en français, le syntagme 《 pas grave 》 est utilisé seulement dans l'acte de pardon.

2.4   Les autres formules conventionnelles de politesse

En raison de la différence culturelle de la France et la Chine, les apprenants chinois peuvent être confrontés à de nombreux échecs pragmatiques, surtout concernant l'utilisation des formules conventionnelles de politesse. Considérons quelques exemples pour expliquer l'origine de l'échec pragmatique.

En début de repas, les Français ont l'habitude de dire 《 Bon appétit. 》 Mais en Chine, on dit souvent :

《 多吃点 。》

（Mangez beaucoup.）

《 请慢用。》

（Mangez lentement.）

Ces deux énoncés illustrent exactement l'attitude des Chinois vis-à-vis de l'alimentation.

Dans le premier énoncé, 《 多吃点 》, en français 《 mangez beaucoup 》, on trouve un signe de l'hospitalité des Chinois. Comme nous l'avons expliqué dans le texte cité plus haut, l'aliment est une partie très importante dans la vie des Chinois. En chinois, on trouve le proverbe 《 民以食为天 》, en français 《 le peuple prend l'aliment comme ciel 》 pour prouver l'importance de l'aliment. Et dans l'histoire chinoise, les nombreuses catastrophes naturelles ont beaucoup influencé la qualité de vie des Chinois, souvent confrontés à la famine ou à la disette. L'hospitalité se traduit par l'invitation des invités à 《 manger beaucoup 》.

Si l'on introduit l'énoncé 《 请慢用 》, en français 《 mangez lentement 》, dans la conversation, c'est parce que la théorie de la médecine chinoise soutient que manger lentement est bon pour la santé.

Par conséquent, ces deux énoncés cités sont récurrents dans la conversation chinoise, mais quand on les introduit dans une conversation avec des Français qui ne connaissent pas les habitudes pragmatiques chinois, l'intercompréhension devient difficile.

Un autre exemple peut aussi aider à montrer que la différence cultruelle est à l'origine de l'échec pragmatique.

Dans une cérémonie de mariage, les Chinois prononcent la phrase suivante pour souhaiter un bon mariage au couple :

《 早生贵子。》

（Ayez un enfant le plus tôt possible.）

Dans la culture chinoise, la notion de génération est très importante. On a un proverbe chinois qui indique cette notion :

《 不孝有三,无后为大。》

(Il existe trois formes de conduite ingrats, la pireétant de ne pas porter d'héritier mâle pour continuer la lignée familiale.)

À travers ce proverbe, on constate l'importance de l'enfant dans le mariage. Mais cette idée est loin de celle des Occidentaux, alors, quand on veut souhaiter un mariage heureux à un couple français, si l'on utilise l'énoncé 《 ayez un enfant le plus tôt possible 》, on tombe dans une situation embarassante. Par conséquent, dans la conversation, il faut bien connaître la culture de son interlocuteur pour éviter l'échec pragmatique.

Grâce aux exemples cités, on constate que l'analogie est aussi une bonne méthode pour enseigner la pragmatique, mais qu'il faut aussi faire attention aux différences pragmatiques entre les deux langues pour éviter l'échec pragmatique.

205

3　Conclusion

Si l'on veut utiliser convenablement une langue étrangère dans la communication, une bonne compétence linguistique est indispensable, mais non suffisante. Il faut aussi mettre l'accent sur la formation de la compétence pragmatique des apprenants pour améliorer leur capacité à communiquer.

Dans ce chapitre, nous avons donc commencé par présenter la pragmatique, branche de la linguistique qui s'intéresse à la pratique d'une langue. On constate que le sens des énoncés est dépendant de nombreux éléments conversationnels, comme le locuteur, l'interlocuteur, le contexte, etc., et que le même énoncé peut avoir des sens différents selon le contexte, ce qui peut créer des difficultés de compréhension pour les apprenants chinois.

Ensuite, nous avons analysé la nécessité de la formation d'une compétence pragmatique. Pour bien communiquer avec les Français, une bonne compétence linguistique n'est pas suffisante, parce que la communication demande aussi une compétence pragmatique, qui constitue une partie importante dans l'enseignement du français.

La compétence pragmatique est une compétence à utiliser et à comprendre une langue. Pour un apprenant de langue étrangère, elle est une compétence communicationnelle, qui permet d'interagir correctement en langue étrangère. Pour développer la compétence pragmatique des apprenants, l'enseignant doit les aider à comprendre complètement le sens des énoncés, à comprendre les énoncés selon le contexte et à véhiculer le « vouloir dire ». Nous insistons sur l'enseignement de la pragmatique pour répondre au besoin manifeste de la part des apprenants, et de plus, nous constatons qu'une formation à la pragmatique peut avoir des résultats positifs. L'objectifs principal de l'enseignement de la pragmatique est de développer la conscience pragmatique des apprenants et de leur donner la capacité d'adapter leur interactions en langue française.

Enfin, nous avons analysé la méthode de l'enseignement de la pragmatique et la faisabilité de l'application de l'analogie dans cet enseignement. Comme pour beaucoup d'apprenants chinois, la conversation est un processus de traduction, l'influence de leur langue maternelle est évidente. Alors, dans l'enseignement de la pragmatique française, il nous faut considérer aussi l'influence du chinois dans la conversation, et par conséquent, l'application de l'analogie est sans doute une méthode efficace pour former la compétence pragmatique des apprenants et trouver la différence culturelle entre la Chine et la France.

Nous avons organisé notre réflexion en fonction de certains actes de langage : la demande, la salutation, le compliment, l'excuse, le remerciement, etc. Généralement, une analogie entre le français et le chinois est acceptable dans la conversation, mais il faut faire attention aux échecs pragmatiques des apprenants.

Dans nos recherches, nous avons constaté que la plupart des échecs pragmatiques sont causés par la différence culturelle entre la Chine et la France, alors l'importation de la culture dans l'enseignement de la pragmatique est très importante pour la formation de cette compétence. L'enseignant doit posséder assez de connaissances sur la culture française pour être en mesure de la comparer avec la culture chinoise, et d'expliquer les similarités et les différences entre les deux cultures, d'éviter les analogies fautives qui provoquent l'échec pragmatique.

Conclusion

L'analogie désigne une similitude non fortuite entre deux choses ou deux idées de nature différente. Elle est un processus cognitif par lequel l'information attachée à un élément spécifique est transférée à un autre élément spécifique, et joue un rôle important dans le processus de la mémorisation, de la communication et de la résolution de problèmes. Elle est utilisée comme méthode dans plusieurs disciplines, elle possède aussi sa propre définition dans des domaines divers. Dans la recherche en linguistique, l'analogie est aussi un sujet très intéressant. Dans nos recherches, nous avons trouvé que l'analogie a une influence importante sur la création et l'évolution d'une langue, et quand on apprend une langue, l'analogie correcte joue aussi un rôle positif dans l'apprentissage, il est donc possible de relier deux ou plusieurs langues par l'analogie. Dans notre travail, nous avons mis en relation de la langue française, de la langue anglaise et de la langue chinoise.

Dans la première partie, nous avons tout d'abord présenté l'analogie et son emploi dans l'enseignement scientifique. En analysant les théories principales du raisonnement par analogie, on constate que l'analogie constitue une capacité cognitive possédée par les enfants et les adultes et aussi une capacité considérable de l'être humain et concerne presque toutes les activités intellectuelles. Comme le raisonnement par analogie, qui est considéré comme un élément essentiel de la cognition humaine, est assez important pour l'apprentissage et l'explication, l'analogie facilite sans aucun doute l'enseignement scientifique pour les apprenants de tous les niveaux, par conséquent, la méthode d'enseignement par analogie est une méthode souvent utilisée dans l'enseignement scientifique. Pour prouver le fait que l'analogie est aussi une méthode efficace dans l'enseignement des langues, nous avons présenté le rôle que l'analogie joue dans la création, le développement et l'évolution d'une langue, nous avons constaté que l'analogie, même fautive, peut avoir une influence positive sur la création, le développement et l'évolution d'une langue. Dans l'enseignement des langues étrangères, il est aussi possible d'utiliser l'analogie et de choisir une langue de référence qui a un degré d'analogie fort ou très fort avec la langue d'apprentissage. Nous avons choisi d'utiliser le chinois et l'anglais comme langues de référence pour faciliter l'enseignement du français, parce que le chinois est la langue maternelle et que l'anglais est une langue bien acquise par les apprenants chinois. Dans la suite de nos recherches, nous avons présenté en détails la méthode d'enseignement par analogie utilisée pour aider les élèves à apprendre le français.

Dans la deuxième partie de nos recherches, nous avons analysé la faisabilité de l'analogie de l'enseignement du français pour les apprenants de niveau débutant.

Pour les apprenants de niveau débutant, le but de l'enseignement et de l'apprentissage est de former une bonne compétence linguistique. Celle-ci leur permet de parler et d'écrire correctement cette langue et de parvenir à la lire correctement, et pour ce faire, il faut respecter les règles de fonctionnement et d'utilisation de cette langue, c'est-à-dire la grammaire. Dans nos recherches, la grammaire comporte trois parties : la phonétique, la morphologie et la syntaxe.

Comme l'enseignement des langues étrangères est un domaine dans lequel la prononciation joue un rôle très important, nous avons d'abord essayé d'employer l'analogie dans l'enseignement de la prononciation. Pour prononcer correctement le français, il faut maîtriser ses règles articulatoires. Par conséquent, nous avons essayé de relier les trois langues concernées d'un point de vue articulatoire. Nous avons tout d'abord analysé l'applicabilité de l'analogie entre le français et l'anglais ainsi qu'entre le français et le mandarin chinois. Ensuite, nous avons expliqué comment employer l'analogie dans l'enseignement de la prononciation. Avec les moyens comme la phonétique articulatoire, la phonétique acoustique, le phonème segmental, le phonème suprasegmental, nous avons trouvé leurs ressemblances et différences. Dans l'enseignement, on peut initier les apprenants aux ressemblances entre les langues et souligner les différences pour éviter et corriger les erreurs. Enfin, comme le manuel joue un rôle important dans l'enseignement des langues étrangères, nous avons aussi analysé les avantages et inconvénients des manuels les plus utilisés en Chine pour l'enseignement de la prononciation.

Nous avons ensuite essayé de mettre en relation le vocabulaire français et le vocabulaire anglais, qui se ressemblent en de nombreux points, et nous avons employé la méthode analogique pour dégager certaines règles de transformation morphologique du lexique de ces deux langues, notamment concernant les suffixes. Nous avons mis l'accent sur la transformation des suffixes des noms, des adjectifs, des adverbes et des verbes, parce que l'on peut retrouver les équivalents français d'un certain nombre de mots anglais sans modification du radical. Après avoir étudié ces règles de transformation, nous avons aussi fait une présentation brève des exceptions aux règles, que l'enseignant doit souligner pour éviter certaines erreurs. Nous avons aussi présenté des faux-amis franco-anglais qui sont à l'origine d'un grand nombre d'incompréhensions.

Enfin, nous avons étudié l'application de l'analogie dans l'enseignement de la syntaxe française. Comme la syntaxe constitue l'ensemble des règles que l'on doit suivre pour former des énoncés corrects et compréhensibles, son enseignement et son apprentissage sont des parties très importantes de la formation de la compétence linguistique. Dans un cours de français pour apprenants de niveau débutant, l'influence de la langue maternelle et d'une langue étrangère déjà acquise est bien évidente dans l'apprentissage de la syntaxe. Dans nos recherches, nous avons essayé de comparer les phrases simples et les phrases complexes des langues concernées, et avons trouvé peu de différences entre les structures syntaxiques des phrases simples anglaises et françaises. Selon ce résultat de recherche, l'analogie avec l'anglais rend l'apprentissage de ces structures plus facile. Mais dans l'enseignement des phrases complexes, nous avons constaté que l'application de l'analogie n'est pas toujours efficace. Le mode du verbe de la proposition subordonnée constitue une difficulté majeure pour les apprenants. L'analogie entre l'anglais et le français n'est alors pas suffisante pour les apprenants, il faut que l'enseignant nourrisse son propos d'exemples.

Dans la dernière partie de nos recherches, nous avons analysé l'applicabilité de l'analogie dans l'enseignement pour les apprenants de niveau intermédiaire et avancé, qui ont déjà une bonne compétence linguistique.

Avec une bonne compétence linguistique, il est possible de délivrer une information simple, mais dans la communication, il est également indispensable de comprendre les attitudes, les systèmes de valeurs, les comportements, les points de vue, tout le contexte culturel de son interlocuteur, ce qui demande une bonne compétence communicationnelle. Pour les apprenants de niveau intermédiaire et avancé, qui ont une bonne compétence linguistique concernant la langue française, la grande difficulté de la formation de la compétence communicationnelle est de connaître la culture qui se trouve impliquée dans le système linguistique et de comprendre l'usage de la langue. Nous avons donc essayé d'employer l'analogie dans le processus de la formation de la compétence interculturelle et de la compétence pragmatique.

Le proverbe est une forme spéciale d'expression et l'objet d'études lexicologiques. Dans les proverbes, nous avons trouvé des traces de phénomènes culturels, par conséquent, nous avons mis en relation les proverbes français et chinois dans nos recherches pour former la compétence interculturelle des apprenants. Nous avons tout d'abord analysé les procédés rhétorique qui sont employés dans la formation des proverbes dans ces deux langues，nous avons constaté que les figures de styles telles que la rime，l'allitération，la comparaison，la métaphore，la personnification，l'antithèse，la répétition，la métonymie，l'hyperbole，etc. y sont toutes utilisée，par conséquent，avec l'analyse analogique，les apprenants peuvent acquérir des connaissances sur les procédés rhétoriques. Nous avons ensuite présenté des facteurs tels que les habitudes alimentaires，les croyances religieuses，les histoires，les littératures，les perspectives esthétiques，etc. qui ont une influence importante sur le développement des proverbes. Avec une analyse analogique sur les proverbes français et chinois，nous avons relevé les similarités rhétoriques et culturelles exprimées dans les proverbes français et chinois，qui facilitent l'apprentissage，et ainsi que les différences，qui approfondissent la compétence interculturelle des apprenants.

À la fin de nos recherches，nous avons aussi essayé d'appliquer l'analogie dans l'enseignement de la pragmatique dont le but est de développer la conscience pragmatique des apprenants et de leur donner la capacité d'adapter leurs interactions en langue française. Comme pour beaucoup d'apprenants chinois，la conversation est un processus de traduction，la pragmatique chinoise a une influence importante，par conséquent，la méthode analogique permet à la fois la formation d'une compétence pragmatique en français，et d'une capacité à saisir les différences culturelles entre les deux pays. Nous avons organisé nos recherches selon des actes tels que la demande，la salutation，le compliment，l'excuse，le remerciement，etc.，avec une analyse analogique sur les pragmatiques chinoise et française，nous avons constaté que la plupart des échecs pragmatiques sont causés par la différence culturelle entre la Chine et la France，par conséquent，la méthode analogique est efficace pour la formation de la compétence pragmatique et aussi de la compétence interculturelle.

Au fil de nos recherches，nous avons constaté que l'analogie n'est pas un moyen passe-partout dans l'enseignement du français : il faut appliquer cette méthode selon le besoin des apprenants et le contenu enseigné. Quand la ressemblance entre la langue de référence et la langue enseignée est évidente et l'analogie facile à comprendre, on peut tout à fait appliquer cette méthode dans l'enseignement. En revanche, quand la différence domine dans la comparaison, l'analogie n'est plus nécessaire. Il faut aussi faire attention aux analogies trompeuses qui ont une influence négative sur l'apprentissage et l'enseignement, et veiller à éviter les erreurs que peut causer l'analogie fautive.

Bibliographie

1. Manuels des langues

[1] CAPELLE G, GIDON N., *Reflets I*, Paris : Hachette, 1999, 224 p.

[2] CAPELLE G, GIDON N., *Reflets II*, Paris: Hachette, 2000, 191 p.

[3] CRIDILING J. M., DOMINIQUE P., GIRARDET J., *Le Nouveau sans frontières 3 : Méthode de français*, Paris : CLE International, 1990, 239 p.

[4] DENIS D., SANCIER A., *Grammaire du français*, Paris : Le Livre de Poche, 1994, 545 p.

[5] DOMINIQUE P., GIRARDET J., VERDELHAN M., *Le Nouveau sans frontières 1 : Méthode de français*, Paris : CLE International, 1993, 223 p.

[6] DOMINIQUE P., GIRARDET J., VERDELHAN M., *Le Nouveau sans frontières 2 : Méthode de français*, Paris : CLE International, 1989, 223 p.

[7] MA X., 法语（*Le Français*）, *Volume 1*, Beijing : Foreign Language Teaching and Research Press, 2008, 458 p.

[8] MA X., 法语（*Le Français*）, *Volume 2*, Beijing : Foreign Language Teaching and Research Press, 2009, 459 p.

[9] MA X., 法语（*Le Français*）, *Volume 3*, Beijing : Foreign Language Teaching and Research Press, 1993, 550 p.

[10] Ma X., 法语（*Le Français*）, *Volume 4*, Beijing : Foreign Language Teaching and Research Press, 1993, 612 p.

［11］ SUN H.，简明法语教程(*Cours de français accéléré*)，*Volume 1*，Beijing ：
The Commercial Press，2006，481 p.

［12］ SUN H.，简明法语教程(*Cours de français accéléré*)，*Volume 2*，Beijing ：
The Commercial Press，2006，442 p.

2. Sources imprimées

［1］ ABDALLAH-PRETCEILLE M.，《 La Perception de l'autre ：Point d'appui
de l'approche interculturelle 》，*Le français dans le monde*，n°181，Paris ：
Larousse，1983，pp. 40 - 44.

［2］ ABEILLÉ A.，*Les Nouvelles Syntaxes ： Grammaires d'unification et
analyse du français*，Paris ：Armand Colin，1993，327 p.

［3］ ABERCROMBIE D.，*Elements of General Phonetics*，Edinburgh ：
Edinburgh University Press，1967，203 p.

［4］ ABRY-DEFFAYET D.，*Le Français sur objectifs spécifiques et la classe de
langue*，Paris ：CLE International，2007，207 p. (Technique de classe.)

［5］ ADAMCZEWSKI H.，DELMAS C.，*Grammaire linguistique de l'anglais*，
Paris ：Armand Colin，1998，361 p.

［6］ ARMENGAUD F.，*La Pragmatique*，Paris ：Presses Universitaires de
France，1985，127 p.

［7］ AUROUX J.，*Histoire des idées linguistiques*，Tome 2，Liège ：Mardaga，
1992，683 p.

［8］ BALLARD M.，WECKSTEEN C.，*Les Faux Amis en anglais*，Paris ：
Ellipses，2005，207 p.

［9］ BALLY D.，《 Synthèse de la discussion sur connaissance implicite et
connaissance explicite en langue non maternelle 》，*Encrages, Acquisition
d'une langue étrangère, numéro spécial*，Paris ：Université de Paris VIII，
1980，pp. 35 - 47.

［10］ BECQUE H.，*Les Corbeaux ： Pièce en quatre actes*，Cornel ：Tress，1882，152 p.

215

[11] BEGIONI L., Muller C., *Problèmes de sémantique et de syntaxe*, Villeneuve-d'Ascq : Université Charles-de-Gaulle-Lille 3, 2007, 487 p.

[12] BENVENISTE E., *Problème de linguistique générale I*, Paris : Gallimard, 1966, 365 p.

[13] BESSE H., 《 Un point de vue sur l'enseignement du français en Chine 》, *Chine*, N°6, Lyon : ENS de Lyon, 2011, pp. 63 - 77.

[14] BESSE H., PORQUIER R., *Grammaire et didactique des langues*, Paris : Hatier/Didier, 1991, 287 p.

[15] BLANCPAIN M., 《 Préface 》, dans Mauger G., *Cours de langue et de civilisation françaises*, Paris : Hachette, 1953, pp. 1 - 5.

[16] BOGAARDS P., *On ne parle pas franglais*, Bruxelles : De Boeck-Duculot, 2008, 207 p.

[17] BONHOMME M., *Pragmatique des figures du discours*, Paris : Honoré Champion, 2005, 284 p.

[18] BONNARD H., *De la linguistique à la grammaire : Initiation à la linguistique générale des étudiants et des enseignants*, Paris : S.U.D.E.L., 1974, 109 p.

[19] BOOIJ G.E., LEHMANN C., MUGDAN J., *Morphologie/Morphology : 1. Halbband*, Berlin : Walter de Gruyter, 2000, 972 p.

[20] BOUCHON-MEUNIER B., 《 Une approche floue du raisonnement par analogie 》, *Métaphores et Analogies*, Paris : Lavoisier, 2003, pp. 131 - 153. (Traité des sciences cognitives.)

[21] BOURCIER G., *L'Explication grammaticale anglaise*, Paris : Armand Colin, 1981, 261 p.

[22] BOURSIN J.-L., *La Phonétique par les textes*, Paris : Belin, 2010, 127 p.

[23] BOUSCAREN J., CHUQUET J., *Grammaire et textes anglais : Guide pour l'analyse linguistique*, Paris : Editions Ophrys, 1987, 201 p.

[24] BOYER H., et al., *Nouvelle Introduction à la didactique du français langue étrangère*, Paris : CLE international, 1990, 239 p. (Collection Le

Français sans Frontières.)

[25] BROSNAHAN L. F., MALMBERG B., *Introduction to Phonetics*, Cambridge : W. Heffer & Sons Ltd., 1970, 243 p.

[26] BROWN A. L., KANE M. J., LONG C., « Analogical Transfer in Young Children : Analogies as Tools for Communication and Exposition », *Applied Cognitive Psychology*, 1989, Vol. 3, Issue 4, pp. 275 - 293.

[27] CADDÉO S., JAMET M.-C., *L'Intercompréhension : Une autre approche pour l'enseignement des langues*, Paris : Hachette livre, 2013, 192 p.

[28] CALAS F., ROSSI N., *Question de grammaire pour les concours*, Paris : Ellipses, 2001, 301 p.

[29] CAMPANA M., Castincaud F., *Comment faire la grammaire*, Paris : ESF Editeur, 1999, 127 p. (Pratiques et enjeux pédagogiques.)

[30] CAPRÉ R., FORNEROD C., *Description grammaticale et enseignement de la grammaire en français langue étrangère*, Lausanne : Université de Lausanne, 2002, 115 p. (Cahiers de l'ILSL, 13.)

[31] CARÉ J. M., DEBYSER F., *Jeux, Langage et Créativité*, Paris : Hachette/Larousse, 1978, 170 p.

[32] CATFORD J. C., *Fundamental Problems in Phonetics*, Edinburgh : Edinburgh University Press, 1977, 278 p.

[33] CHAMPAGNE-MUCAR C., S. BOURDAGES J., *Le Point sur la phonétique*, Paris : CLE International, 1998, 119 p.

[34] CHARAUDEAU P., *Grammaire du sens et de l'expression*, Paris : Hachette, 1996, 927 p.

[35] CHERVEL A, *Histoire de la grammaire scolaire... et il fallut apprendre à écrire à tous les petits Français*, Paris : Payot, 1981, 304 p.

[36] CHERVALIER J. C., *Histoire de la grammaire française*, Paris : Presses Universitaires de France, 1994, 127 p. (Que sais-je ? N°2904.)

[37] YVES CHEVRIER Y, « De l'occidentalisme à la solitude : Chen Duxiu et l'invention de la modernité chinoise », *Études chinoises*, N° 3, 1984,

pp. 3 – 11.

[38] CHISS J.-L., FILLIOLET J., MAINGUENEAU D., *Introduction à la linguistique française. Vol. 1 : Notions fondamentales, phonétique, lexique*, Paris : Hachette Supérieur, 2013, 158 p.

[39] CHISS J.-L., FILLIOLET J., MAINGUENEAU D., *Linguistique française : Communication-Syntaxe-Poétique*, Paris : Hachette Supérieur, 1992, 175 p.

[40] CHOMSKY N., HALLY M., *Principes de phonologie générative*, Paris : Éditions du Seuil, 1973, 349 p.

[41] CHOMSKY N., HALLE M., *The Sound Pattern of English*, New York : Harper & Row Publishers, 1968, 470 p.

[42] CHUQUET H., PAILLARD M., *Approche linguistique des problèmes de traduction*, Paris : Editions Ophrys, 1987, 452 p.

[43] COLOMBIER P., POILROUX J., « Pour un enseignement fonctionnel du français aux migrants », *Le Français dans le Monde*, N°133, Paris : CLE International, 1977, pp. 45 – 51.

[44] Conseil de l'Europe, *L'Interculturalisme : De l'idée à la pratique didactique et de la pratique à la théorie*, Strasbourg : Conseil de l'Europe, 1986, 122 p.

[45] CORDIER F., FFRANÇOIS J., VICTORRY B., *yntaxe et Sémantique 2 : Sémantique du lexique verbal*, Caen : Presses Universitaires de Caen, 2001, 302 p.

[46] COSTE D., GALISSON R., *Dictionnaire de didactique des langues*, Paris : Hachette, 1976, 206 p.

[47] COURTILLON J., « Lexique et apprentissage de la langue », *Lexiques*, Paris : Hachette, 1989, pp. 127 – 135.

[48] CUQ J.-P., *Dictionnaire de didactique du français langue étrangère et seconde*, Paris : CLE International, 2003, 303 p.

[49] CUQ J.-P., *Une introduction à la didactique de la grammaire en français langue étrangère*, Paris : Didier/Hatier, 1996, 127 p.

[50] DAVIES A., « Communicative Competence as Languages Use », *Applied Linguistics*, N°10, 1989, pp. 157 – 170.

[51] DE BALZAC H., *Oeuvres de H. de Balzac*, Bruxelles : Meline, Cans et Compagnie, 1837, 607 p.

[52] DE CARLO M., *L'Interculturel*, Paris : CLE International, 1998, 197 p.

[53] DE CARVALHO J. B., NGUYEN N., WAUQUIER S., *Comprendre la phonologie*, Paris : Presses Universitaires de France, 2010, 254 p.

[54] DE SALINS G.-D., *Grammaire pour l'enseignement, apprentissage du FLE*, Paris : Didier-Hatier, 1996, 270 p. (Didactique du français.)

[55] DE SAUSSURE F, *Cours de linguistique générale*, Paris : Editions Payot & Rivages, 1995, 520 p.

[56] DE SAUSSURE L., RIHS A., *Études de sémantique et pragmatique françaises*, Berne : Peter Lang SA, 2012, 409 p.

[57] DELATTRE P., *Comparing the Phonetic Features of English, French, German and Spanish*, Heidelberg : Julius Groos Verlag, 1965, 118 p.

[58] DELAVEAU A., *yntaxe : La Phrase et la Subordination*, Paris : Armand Colin, 2001, 192 p.

[59] DELL F., *Les Règles et les Sons : Introduction à la phonologie générative*, Paris : Hermann, 1973, 282 p.

[60] DIARRA P., LEGUY C., *Paroles imagées : Le Proverbe au croisement des cultures*, Rosny-sous-Bois : Bréal, 2004, 127 p.

[61] DUFEU B., « Le jeu de rôle : repères pour une pratique », *Le Français dans le Monde*, N°176, avril, Paris : CLE International, 1983, pp. 72 – 81.

[62] DÈTRIE M., *France-Chine Quand deux mondes se rencontrent*, Paris : Gallimard, 2004, 128 p.

[63] ELUERD R., *Grammaire descriptive de la langue française*, Paris : Armand Colin, 2008, 249 p.

[64] ENGLEBERT A., *Introduction à la phonétique historique du français*, Bruxelles : De Boeck-Duculot, 2009, 256 p.

[65] FENG S., 《 The Passive Construction in Chinese 》, *Studies in Chinese Linguistics*, Vol. 16, Hong Kong : The Chinese University of Hong Kong, 1995, pp. 23 - 29.

[66] FLYE SAINTE MARIE A., 《 La Compétence interculturelle dans le domaine de l'intervention éducative et sociale 》, *Les Cahiers de l'Actif* : N°250/251, 1997, pp. 55 - 60.

[67] FOUGEROUSE M. C., 《 L'Enseignement de la grammaire en classe de français langue étrangère 》, *Revue de Didactologie des langues-cultures*, 2001/2, N°122, pp. 165 - 178.

[68] GAATONE D., *Le Passif en français*, Paris-Bruxelles : Duculot, 1998, 299 p.

[69] GALISSON R., COSTE D., *Dictionnaire de didactique des langues*, Paris : Hachette, 1976, 612 p.

[70] GARDES-TAMINE J., *La Grammaire : 1. Phonologie, Morphologie, Lexicologie*, Paris : Armand Colin Éditeur, 1990, 152 p.

[71] GARDES-TAMINE J., *La Grammaire : 2. Syntaxe*, Paris : Armand Colin Éditeur, 2010, 243 p.

[72] GARRIC N., CALAS F., *Introduction à la pragmatique*, Paris : Hachette Supérieur, 2007, 208 p.

[73] GENTNER D., 《 Structure-Mapping : A Theoretical Framework for Analogy 》, *Cognitive Science*, Vol. 7, 1983, pp. 211 - 224.

[74] GENTER D., MARKMAN A. B., 《 Structure Mapping in Analogy and Similarity 》. *American Psychologist*, Vol. 52, January 1997, pp. 45 - 56.

[75] GERMAIN C., SÉGUIN H., *Le Point sur la grammaire*, Paris : CLE International, 1998, 215 p. (Didactique des langues étrangères.)

[76] GIEGERICH H. J., *English Phonology. An Introduction*, Cambridge : Cambridge University Press, 1993, 333 p.

[77] GINÉSY M., *Phonétique et phonologie de l'anglais*, Paris : Ellipses, 2000, 187 p.

[78] GLESSGEN M.-D., *Linguistique romane : Domaines et méthodes en linguistique française et romane*, Paris : A. Colin, 2007, 479 p.

[79] GLYNN S. M., « Conceptual Bridges : Using Analogies to Explain Scientific Concepts », *The Science Teacher*, Vol. 62, Issue 9, December 1995, pp. 25 – 31.

[80] GOSWAMI U., BROWN A. L., « Higher-order Structure and Relational Reasoning : Contrasting Analogical and Thematic Relations », *Cognition*, N°36, 1990, pp. 207 – 226.

[81] GOSWAMI U., *Analogical Reasoning in Children*, Hove : LEA, 1992, 151 p. (Essays in developmental psychology.)

[82] GREVISSE M., GOOSSEA., *Le Bon Usage*, 15e éditions, Grammaire française, Bruxelles : De Boeck Université, 2011, 1666 p.

[83] GUBÉRINA P., « La Méthode audiovisuelle structuro-globale », *Revue de phonétique appliquée*, 1965, N°1, pp. 43 – 51.

[84] GUINBRETIÈRE É., *Phonétique et enseignement de l'oral*, Paris : Les Éditions Didier, 1994, 96 p.

[85] HAGÈGE C., *La Structure des langues*, Paris : Presses universitaires de France, 1999, 127 p.

[86] HALFORD G. S., *et al.*, « Young Children's Performance on the Balance Scale : The Influence of Relational Complexity », *Journal of Experimental Child Psychology*, N°81, 2002, pp. 417 – 445.

[87] HATANO G., INAGAKI K., « Young Children's Naive Theory of Biology », *Cognition*, Vol. 50, Issue 1 – 3, April-June 1994, pp. 157 – 169.

[88] HERRY N., *Didactique de la phonétique anglaise*, Rennes : Presses Universitaires de Rennes, 2011, 115 p.

[89] HERSKOVITS M. J., *Les Bases de l'anthropologie culturelle*, Paris : François Maspero Éditeur, 1967, 331 p.

[90] HEYWOOD D., « The Place of Analogies in Science Education », *Cambridge Journal of Education*, Vol. 32, Issue 2, 2002, pp. 103 – 117.

[91] HOLYOAK K., THAGARD P., « The Analogical Mind », *American*

Psychologist, Vol. 52, January 1997, pp. 53 – 61.

[92] HOSENFELD B., *et al.*, 《 Indicators of Discontinuous Change in the Development of Analogical Reasoning 》, *Journal of Experimental Child Psychology*, Vol. 64, Issue 3, March 1997, pp. 309 – 321.

[93] HRUBARU F., *Interaction entre sémantique et pragmatique*, Bucuresti : Editura ASE, 2005, 194 p.

[94] INAGAKI K., HATANO G., 《 Constrained Person Analogy in Young Children's Biological Inference 》, *Cognitive Development*, Vol. 6, Issue 2, April-June 1991, pp. 93 – 115.

[95] ITKONEN E., *Analogy as Structure and Process : Approaches in Linguistics, Cognitive Psychology, and Philosophy of Science*, Amsterdam : J. Benjamins, 2005, 249 p.

[96] JACQUES F., *Dialogique : Recherches logiques sur le dialogue*, Paris : PUF, 1979, 423 p.

[97] JAKOBSON R., *Six leçons sur le son et le sens*, Paris : Les Éditions de Minuit, 1976, 125 p.

[98] JAKOBSON R., *et al.*, *Preliminaries to Speech Analysis : The Distinctive Features and Their Correlates*, Cambridge, MA : The MIT Press, 1972, 64 p.

[99] JIA X., 汉法语言句法结构对比研究(*Analyse contrastive de la structure syntaxique entre le chinois et le français*), Beijing : Science Press, 2012, 235 p.

[100] KANEMAN-POUGATCH M., PEDOYA-GUIMBRETIERE E., *Plaisir des sons : Enseignement des sons du français*, Paris : Didier, 1991, 192 p.

[101] KEIL F., *Concepts, Kinds and Cognitive Development*, Cambridge, MA : The MIT Press, 1989, 327 p.

[102] KERBRAT-ORECCHIONI C., *Les Actes de langage dans le discours : Théorie et fonctionnement*, Paris : Nathan, 2001, 200 p.

[103] KERVRAN M., *Enseigner l'anglais avec facilité : Repères culturels et outils linguistiques*, Paris : Bordas, 2005, 121 p.

[104] LADFOGED P., JOHNSON K., *A Course in Phonetics*, Boston :

Wadsworth, 2011, 322 p.

[105] LAFON J.-C., *Message et Phonétique : Introduction à l'étude acoustique et physiologique du phonème*, Paris : Presses Universitaires de France, 1961, 168 p.

[106] LALLOT J., « Origines et développement de la théorie des parties du discours en Grèce », *Revue de Langages* : 1988, N°92, pp. 47 – 65.

[107] LAZAR I., *Intégrer la compétence en communication interculturelle dans la formation des enseignants*, Strasbourg : Conseil de l'Europe, 2005, 119 p.

[108] LEECH G., SVARTVIK J., *A Communicative Grammar of English*, London : Longman, 1994, 423 p.

[109] LIEBERMAN P., *Speech Physiology and Acoustic Phonetics*, New York : Macmillan Publishing Company, 1977, 206 p.

[110] LÉON P., *et al.*, *Phonétique du FLE : Prononciation : De la lettre au son*, Paris : Armand Colin, 2009, 142 p.

[111] LÉON P., *Phonétisme et prononciations du français : Avec des travaux pratiques d'application et corrigés*, Paris : A. Colin, 2011, 284 p.

[112] LÉON R., *Enseigner la grammaire et le vocabulaire à l'école*, Paris : Hachette Livre, 1998, 175 p. (Pédagogies pour demain Didactiques.)

[113] MACKEY W. F., *Principes de didactique analytique : Analyse scientifique de l'enseignement des langues*, Paris : Didier, 713 p.

[114] MAILLARD M., *Vers une rénovation de la grammaire et de sa terminologie*, Grenoble : Presses Universitaires de Grenoble, 1993, 183 p. (Lidil, 8.)

[115] MALMBERG B., *La Phonétique*, Paris : Presses Universitaires de France, 1973, 126 p.

[116] MMLBERG B., *Manuel de phonétique générale : Introduction à l'analyse scientifique de l'expression du langage*, Paris : éditions A & J Picard, 1974, 272 p.

[117] MONNERET P., 《 L'Intonation de la phrase dans les langues romanes : l'exception du français 》, *Langue française*, mars 2004, pp. 36 – 55.

[118] MARTIONOT C., *Actes du Colloque international sur l'acquisition de la syntaxe en langue maternelle et en langue étrangère*, Besançon : Annales littéraires de l'Université de Franche-Comté, 1997, 337 p.

[119] MONNERET P., *Essais de linguistique analogique*, Dijon : ABELL, 2004, 175 p.

[120] MONNERET P., *Le Sens du signifiant, Implications linguistiques et cognitives de la motivation*, Paris : Éditions Champion, 2003, 261 p.

[121] MONNERIE-GOARIN A., *Le Français au présent : Grammaire : Français langue étrangère*, Paris : Didier-Hatier, 1987, 312 p.

[122] MORRIS C. W., *Signs, Language and Behavior*, New York : Prentice-Hall, 1946, 366 p.

[123] MULLER C., *Les Bases de la syntaxe : Syntaxe contrastive français-langues voisines*, Bordeaux : Presses Universitaires de Bordeaux, 2002, 455 p.

[124] NEVEU F., *Lexique des notions linguistiques*, Paris : A. Colin, 2005, 127 p.

[125] NIQUE C., *Initiation méthodique à la grammaire générative*, Paris : A. Colin, 1974, 175 p. (Collection linguistique.)

[126] OSTIGUY L., SARRASIN R., IRONS G. H., *Introduction à la phonétique comparée : Les sons, Le français et l'anglais nord-américain*, Québec : Les Presses de l'Université Laval, 1996, 203 p.

[127] PAJEL D., MADELENI E., WIOLAND F., *Le Rythme du français parlé*, Paris : Hachette français langue étrangère, 2012, 159 p.

[128] PELLAT J. C., RIEGEL M., RIOUL R., *Grammaire méthodique du français*, Paris : Presses Universitaires de France, 1994, 1107 p.

[129] PETIOT G., *Grammaire et linguistique*, Paris : A. Colin, 2000, 176 p.

[130] PETTON A., *Les Faux-amis anglais en contexte*, Rennes : Presses

Universitaires de Rennes, 1995, 361 p.

[131] PIAGET J. avec MONTANGERO J., BILLETER J.-B., « La Formation des corrélats », *Recherches sur l'abstraction réfléchissante : 1. Abstraction des relations logico-arithmétiques*, Paris : Presses universitaires de France, 1977, pp. 73 – 91. (Études d'épistémologie génétique.)

[132] PIATTELLI- PALMARINI M., *Théories du langage, théories de L'apprentissage : Le Débat entre Jean Piaget et Noam Chomsky*, Paris : Seuil, 1979, 532 p.

[133] POSNER R., *Rational Discourse and Poetic Communication : Methods of Linguistic, Literary, and Philosophical Analysis*, Berlin : Mouton, 1982, 260 p.

[134] POSTAL P. M., *Aspects of Phonological Theory*, London : Harper & Row, 1968, 326 p.

[135] PUREN C., *Histoire des méthodologies de l'enseignement des langues*, Paris : CLE International, 1988, 447 p.

[136] RAND E., *The Syntax of Mandarin Interrogatives*, Berkeley : University of California Press, 1969, 113 p.

[137] RIPOLL T., « Les Modèles du raisonnement par analogie », *Métaphores et Analogies*, Paris : Lavoisier, 2003, pp. 63 – 87. (Traité des sciences cognitives.)

[138] RIVARA R., *Pragmatique et Ènonciation : Ètudes linguistiques*, Aix-en-Provence : Publications de l'Université de Provence, 2004, 295 p.

[139] ROACH P., *English Phonetics and Phonology : A Practical Course*, Cambridge : Cambridge University Press, 2009, pp. 93 – 115.

[140] ROBERT J.-P., ROSEN E., REINHARDT C., *Faire classe en FLE : Une approche actionnelle et pragmatique*, Paris : Hachette français langue étrangère, 2011,191 p.

[141] ROBINS R. H., « Aspects of Prosodic Analysis », *Prosodic analysis*, London : Oxford University Press, 1970, pp. 103 – 115.

[142] RÉCANATI F., *La Transparence et l'énonciation : Pour introduire à la pragmatique*, Paris : Le Seuil, 1979, 214 p.

[143] SAGOT B., *et al.*, *Extension dynamique de lexiques morphologiques pour le français à partir d'un flux textuel*, Les Sables d'Olonne : TALN-RÉCITAL 2013, 17 – 21 Juin.

[144] SANDER E., *L'Analogie, du naïf au créatif : Analogie et catégorisation*, Paris : L'Harmattan, 2000, 220 p.

[145] SCHANE S., *Generative Phonology*, Englewood Cliffs, New Jersey : Prentice-Hall, Inc., 1973, 127 p.

[146] SCHUWER M., *Pragmatique de la reformulation : Types de discours, interactions didactiques*, Rennes : Presses Universitaires de Rennes, 2008, 320 p.

[147] SHUELL T. J., 《 Cognitive Psychology and Conceptual Change : Implications for Teaching Science 》, *cience Education*, Vol. 71, Issue 2, April 1987, pp. 35 – 51.

[148] SOUTER O., *La Syntaxe du français*, Paris : Presse Universitaires de France, 1989, 127 p.

[149] STERNBERG R. J., *Manuel de psychologie cognitive : Du laboratoire à la vie quotidienne*, Bruxelles : De Boeck & Larcier s.a., 2007, 662 p. (Ouvertures psychologiques.)

[150] STURTEVANT E., *An Introduction to linguistic Science*, New Haven, Yale University Press, 1947, 173 p.

[151] TEICH E., *Cross-linguistic Variation in System and Text : A Methodology for the Investigation of Translations and Comparable Texts*, Berlin : Mouton de Gruyter, 2003, 276 p.

[152] THLER V., 《 L'Enjeu de la compétence pragmatique en langue étrangère : Une étude sur les procédés de mitigation en allemand L1 et L2 》, *Revue Candienne de linguistique appliquée*, Vol. 11, N°3, 2008, pp. 193 – 214.

[153] TICKOO M. L., 《 Search of Appropriateness in EF(S)L Teaching Materials 》,

RELC Journal, N°19，1988，pp. 39 - 50.

[154] TRÉVILLE M.-C., DUQUETTE L., *Enseigner le vocabulaire en classe de langue*, Paris ： Hachette, 1996, 191 p.

[155] VAISSIÈRE J., *La Phonétique*, Paris ： Presses Universitaires de France, 2011, 127 p.

[156] VANCOMELBEKE P., *Enseigner le vocabulaire*, Paris ： Nathan, 2004, 271 p.

[157] VVENZIANO E., 《 Les Débuts de la communication Langagière 》, *avoir parler, savoir dire, savoir communiquer*, Paris ： Delachaux et Niestlé, 1987, pp. 59 - 94.

[158] VIEL M., *Manuel de phonologie anglaise*, Paris ： A. Colin, 2003, 138 p.

[159] VINAY J.-P., Darbelnet J., *tylistique comparée du français et de l'anglais*, Paris ： Didier, 1977, 331 p.

[160] VÉRONIQUE D., *L'Acquisition de la grammaire du français langue étrangère*, Paris ： Didier, 2009, 416 p.

[161] WATBLED J.-P., *La Prononciation de l'anglais*, Paris · A. Colin, 2005, 127 p.

[162] WIERZBICKA A., 《 Different Cultures, Different Languages, Different Speech Acts. Polish vs English. 》, *Journal of Pragmatics*, 9 - 2/ 3, pp. 145 - 178.

[163] WILCZYNSKA W., 《 Un dictionnaire de faux-amis ： Pour quoi faire ？ 》, *Lexiques*, Paris ： Hachette, 1989, pp. 91 - 97.

[164] WINSTON P. H., 《 Learning and Reasoning by Analogy 》, *Communications of the ACM*, Vol. 23, Issue 12, 1980, pp. 342 - 377.

[165] XU Y., 对比语言学概论（*Introduction à la linguistique comparée*）, Shanghai, Shanghai Foreign Language Education Press, 1992, 388 p.

[166] ZUFFEREY S., MOEOESCHLER J., *Initiation à l'étude du sens Sémantique et pragmatique*, Auxerre ： Sciences Humaines éditions, 2012, 254 p.

3. Sources non imprimées

[1] BARNIER G., *Théories de l'apprentissage et pratiques d'enseignement*, Notes de conférence, Aix Marseille : Institut Universitaire de Formation des Maîtres (IUFM) de l'Académie d'Aix Marseille, 2002, 17 f.

[2] BESSE H., *Propositions pour une typologie des méthodes de langue*, Paris : Université de Paris VIII, 2004, 4 Vol., 1511 f. (Thèse de doctorat sous la directionde J.-C. Chevalier.)

[3] CAURE M., *Caractérisation de la transparence lexicale, extension de la notion par ajustements graphophonologiques et microsémantiques, et application aux lexiques de l'anglais, de l'allemand et du néerlandais*, Reims : Université de Reims Champagne-Ardenne, U.F.R. des Lettres et Sciences humaines, École doctorale《 Sciences de l'Homme et de la Société 》, 2009, 1 Vol., 412 f. (Thèse de doctorat sous la direction de Jean-Emmanuel Tyvaert et Éric Castagne.)

[4] DEGACHE C., *Didactique du plurilinguisme : Travaux sur l'intercompréhension et l'utilisation des technologies pour l'apprentissage des langues*, Grenoble : Université Stendhal-Grenoble III, U.F.R. des Sciences du langage, 2006, 1 Vol., 236 f. (Dossier présenté pour l'Habilitation à Diriger des Recherches.)

[5] DOYÈ P., *L'Intercompréhension : Guide pour l'élaboration des politiques linguistiques éducatives en Europe — De la diversité linguistique à l'éducation plurilingue*, Strasbourg, Conseil de l'Europe, 2005, 23 f.

[6] FOUGEROUSE M. C., *Analyse des représentations de la grammaire dans l'enseignement [et l'] apprentissage du français langue étrangère*, Paris : Université de Paris III, 1999, 1 Vol., 641 f. (Thèse de doctorat sous la direction de C. Puren.)

[7] LAVALLÉE J. F., LANGLAIS P., *Moranapho , Un système multilingue d'analyse morphologique fondé sur l'analogie formelle*, Montréal :

Université de Montréal, 2009, 1 Vol., 28 f.

[8] MAGUÉJ.-P., *Changements sémantiques et cognition : Différentes méthodes pour différentes échelles temporelles*, Lyon : Université Lumière Lyon 2, Institut de Psychologie, École doctorale de Sciences Cognitives, 2005, 1 Vol., 360 f. (Thèse de doctorat sous la direction de Jean-Marie Hombert.)

[9] MARTIN P., *Intonation du français : Parole spontanée et parole lue*, Paris : Université Paris Diderot, 1 Vol., 29 f.

[10] MARTIN P., *L'Intonation du français : Le Vilain petit canard parmi les langues romanes ?*, Paris : Université Paris Diderot, 1 Vol., 13 f.

[11] MEISSNER F.-J., *et al.*, *EuroComRom — Les Sept Tamis lire les langues romanes dès le départ*, Aachen : Shaker, 2003, 76 f. (Esquisse d'une didactique de l'eurocompréhension.)

[12] N'GUESSAN K., *Contribution à la rénovation de la pédagogie de la grammaire en didactique du français langue-étrangère*, Montpellier : Université de Montpellier III, 2006, 1 Vol., 498 f. (Thèse de doctorat sous la direction de J. M. Prieur.)

[13] TEWFIQ A., *Problématique de l'individualisation de l'enseignement de la grammaire*, Grenoble : Université Stendhal Grenoble III, 2002, 2 Vol., 538 f. (Thèse de doctorat sous la direction de J. M. Bray.)

[14] VEZNEVA M., *Développement du Raisonnement analogique : rôle de la composante exécutive d'inhibition*, Dijon : Université de Bourgogne, 2011, 1 Vol., 220 f. (Thèse de doctorat sous la direction de R. French et J.-P. Thibaut.)

[15] WANG M., *L'Enseignement universitaire du français en Chine : Permanences et (r)évolution*, Lyon : Université Lumière Lyon 2, 2005, 1 Vol., 368 f. (Thèse de doctorat sous la direction de R Bouchard.)

[16] XU H., *L'Enseignement du français en Chine face à la problématique de l'interculturel : Quel rôle jouent les TIC*, Paris : Université Paris III-

Sorbonne Nouvelle，2005，1 Vol.，83 f.（Mémoire pour l'obtention du Diplôme d'études approfondies sous la direction de F Demaizière.）

[17] ZHANG C.，*Étude des représentations qu'ont de la France des apprenants chinois（monolingues et bilingues chinois-anglais）*，Paris：Université de Cergy-Pontoise，2004，1 Vol.，503 f.（Thèse de doctorat sous la direction A. Cain.）

4. Sources électroniques

[1] http://www. auf. org/media/uploads/framonde_8fevrier_2012. pdf.［La définition de l'analogie. Langage et analogie. Figement. Argumentation，Colloque international organisé par：Mohamed Bouattour（Université de Sfax），Salah Mejri（Université de Paris XIII et Universitéde Manouba）et Philippe Monneret（Université de Bourgogne）Sfax-Tozeur（Tunisie）4 et 5 octobre 2012.］

[2] http://www. espacefrancais. com/precis-de-notions-lettre-a/.（Un site de référence sur le français.）

[3] http://fr.wikipedia.org/wiki/Constructivisme_（psychologie）.（La définition de constructivisme sur le Wikipedia.）

[4] http://fr.wikipedia.org/wiki/M%C3%A8me.（La définition de mème sur le Wikipedia.）

[5] http://fr. wikipedia. org/wiki/Voyelle.（La définition de voyelle sur le Wikipedia.）

[6] http://www.proverbes.free.fr/definition.php.（Dictionnaire Européen des proverbes et locutions.）

[7] http://www.expressions-francaises.fr/expressions-t/1921-trouver-son-chemin-de-damas.html.（Un site présentant les expressions françaises.）

[8] http://www.fablesaffables.fr/le-laboureur-et-le-serpent-gele/.（Un site sur

les fables françaises.)

[9] http://www. linternaute. com/expression/langue-francaise/85/le-fil-d-ariane/. (Un site sur les expressions figées françaises.)

[10] http://theses. univ-lyon2. fr/documents/getpart. php? id = lyon2. 2000. samsam_f&part = 31665. (Un site des thèses électronique de l'Université Lumière Lyon 2.)

[11] http://shiq8.blog.163.com/blog/static/11029336320111113113327866/. (Un blog sur la différence entre la culture chinoise et la culture occidentale.)

[12] https://archive.org/stream/spiritofchinesep00guhorich # page/n13/mode/2up. (《 The Spirit of the Chinese People》 on Openlibrary.org.)

Questionnaire pour les apprenants débutants du français à propos de la ressemblance des voyelles des trois langues étudiées :

在第一次听到以下元音音素的时候，你会将它们和英语或者汉语中的哪些音素对应起来？

法语音素	英语音素	汉语音素
/i/		
/y/		
/u/		
/e/		
/ø/		
/ə/		
/o/		
/ɛ/		
/œ/		
/ɔ/		
/a/		
/ɔ̃/		
/ɛ̃/		
/œ̃/		
/ɑ̃/		

Questionnaire pour les apprenants débutants du français à propos de la ressemblance de vocabulaire entre le français et l'anglais :

当你看到下表中的词时，你会联想到英语的什么词？请并猜测词义。

法语词	与之相近的英语词	猜测词义
artiste		
biologie		
continuer		
dangereux		
effectuer		
famille		
géographie		
humour		
identifier		
lever		
multiplication		
naturisme		
proposer		
répéter		
service		
troubler		

图书在版编目(CIP)数据

类比在中国法语教学中的应用/张芳著.—杭州：
浙江大学出版社，2016.9

ISBN 978-7-308-16182-4

Ⅰ.①类… Ⅱ.①张… Ⅲ.①类比法—应用—法语—
教学研究 Ⅳ.①H329.3

中国版本图书馆 CIP 数据核字（2016）第 211185 号

类比在中国法语教学中的应用

张　芳　著

责任编辑	包灵灵
责任校对	董　唯
封面设计	杭州林智广告有限公司
出版发行	浙江大学出版社
	（杭州市天目山路 148 号　邮政编码 310007）
	（网址：http://www.zjupress.com）
排　　版	杭州林智广告有限公司
印　　刷	杭州杭新印务有限公司
开　　本	710mm×1000mm　1/16
印　　张	15.25
字　　数	322 千
版 印 次	2016 年 9 月第 1 版　2016 年 9 月第 1 次印刷
书　　号	ISBN 978-7-308-16182-4
定　　价	36.00 元
